U0804521

人民艺术家郭兰英

刘红庆 著

田青题

齊鲁書社

郭兰英艺术发展基金会图片支持

作者声明：本书为中国音乐学院“中国乐派高精尖创新中心”
研究的阶段性成果项目

2019 年 9 月 29 日，郭兰英被授予“人民艺术家”国家荣誉称号

少年郭兰英出演晋剧《天河配》

经典形象

1977 年《白毛女》剧照

清粼粼的水来，蓝个莹莹的天

1961 年在北京怀仁堂演出晋剧《坐楼杀惜》

《刘胡兰》剧照

在《窦娥冤》中饰演窦娥

1980年演出晋剧《金水桥》

秧歌剧《夫妻识字》

为人民歌唱——中国乐派声乐大师郭兰英艺术成就音乐会

郭兰英和蓝天幼儿艺术团小演员们同台演出《南泥湾》，
生动活泼，情趣盎然

引　言

2019 年 9 月 29 日，在人民大会堂，中共中央总书记、中华人民共和国国家主席、中央军委主席习近平为郭兰英颁发“人民艺术家”国家荣誉称号奖章，这是一个艺术家至高无上的荣誉；30 日上午，郭兰英和国家领导人一起向人民英雄纪念碑敬献鲜花；10 月 1 日上午，郭兰英在天安门城楼上就座，和国家领导人一起参加阅兵和观礼万人游行。10 月 5 日晚上，中央电视台播放了《为人民歌唱——中国乐派声乐大师郭兰英艺术成就音乐会》。90 岁的郭兰英精神矍铄，风采绰绰，给世界以“人民艺术家”当之无愧的强烈印象！

郭兰英出生在汾河边上的平遥香乐村，三晋大地的乡土风情滋养了她。她是山西文化的集大成者，而她的艺术属于中国，属于世界。她对国家的贡献巨大，对中国民族声乐发展的贡献巨大，对宣传国家强大的形象贡献巨大！

在晋剧舞台上，她摸爬滚打后塑造出一系列为老百姓所喜欢的人物形象，与丁果仙、牛桂英、郭凤英以及马玉楼等表演艺术家合作，在省内外和中南海的舞台上，弘扬了晋剧艺术，宣传了山西文化。

在歌剧舞台上，她开创性地完成了中国民族歌剧表演体系的建设，在中国民族歌剧界“泰斗级”的地位无人撼动。她所塑造的《白毛女》中的喜儿、《小二黑结婚》中的小芹、《刘胡兰》中的刘胡兰、《窦娥冤》中的窦娥等艺术形象，都已深入人心，至今无法被超越。

在中国歌曲演绎上，她完成了中国乐派声乐体系的建设，形成了自己鲜明的风格，并影响深远。她演唱的《我的祖国》《南泥湾》《人说山西好风光》等经典作品，家喻户晓，传唱至海外。

在中国声乐教育实践上，她数十年如一日，辛勤哺育下一代，为中国声乐界培养了李元华、刘玉玲、彭丽媛、万山红、雷佳、吴碧霞等一大批优秀的歌唱家，以及更多活跃在世界各地的歌唱演员。

从 20 世纪中期开始，郭兰英随着歌剧表演、电影走进千家万户，走进亿万人心中。她成了那一个时代的标志，在开创民族歌剧事业中所取得的卓越成就，至今无人可以超越。

在郭兰英的声乐艺术作品中，最宝贵的是她淳朴、执着的“中国心”。在 20 世纪，当不少歌唱家以“洋气”和“科学”得意与风光的时候，郭兰英果断而坚定地在本民族文化的长河里徜徉而不随波逐流。因为她有扎实雄厚的民族声乐表演艺术的基础，加上她聪慧、努力，不断追求完美，从而形成了她自身的审美标准和一整套表演路数，在歌剧舞台形成了宝贵的“民族文化财富”——郭兰英歌剧表演艺术体系。

在整个 20 世纪，立足传承、努力创新，郭兰英可以说是第一人。从传统戏曲拓展进歌剧领域，她一路摸索，取得的成果令人惊喜不断。她迷恋传统文化、乡土艺术，演唱原版晋剧时她有板有眼，演唱歌剧时她出神入化。她以观众为中心、以塑造人物为中心的核心理念，在“技术至上”学习方法的强大包围圈里，显得非常可贵。

郭兰英在 16 岁之前，受的是传统戏班刻板的“虎妈”式的魔鬼训练。16 岁的时候，歌剧《白毛女》唤醒了她。她是人，不是“戏曲表演工具”。那时，与其说她向往的是“革命真理”，不如说她向往的是“我是人”的那种“五四”时期播撒在城市知识女性中的“自我解放”意识。所以，她果敢地对人生做了第一次“清零”，毅然走进《白毛女》剧组，“演戏要演这样的戏”。过去过多地把郭兰英的这一抉择归结为“阶级觉悟”，其实，更多的是“人的觉醒”。《白毛女》直接教育了她，如同《秦香莲》教育了很多农村妇女一样，对“秦香莲”再熟悉不过的郭兰英，要解放一次自己。那时，她对旧戏丧失兴趣，不仅因为旧戏形式老套，更多的是旧戏中一些保守的观念对于女性的“束缚”。

因此，郭兰英演《白毛女》就与别人不一样，她是把自己放在了戏里，她就是喜儿，她就是那个“不要做鬼要做人”的喜儿！

《我的祖国》是郭兰英代表作中最具魅力的一首歌。虽然在演唱时她没有费力气，但是多年舞台磨砺积聚的能量是可以在适当的时候猛然爆发的。歌词、旋律带给她瞬间创造的欲望，心里装着的只能是祖国的大好河山。心里没有河山只有对音准把握的能力，怎么可能唱出《我的祖国》那条宽宽的河和两岸的稻花香呢？

郭兰英唱过许多时代背景非常明确的歌，但她的作品中，不少是可以超越时代、超越空间而不朽的。像《我的祖国》和《人说山西好风光》等歌曲现在依然感动着我们，并将继续感动下去。

在数十年的舞台实践中，郭兰英始终坚持为人民服务，对自己高标准、严要求，不计报酬，不计名利，真正实践着“歌唱为人民，颂歌献给祖国”的艺术初衷。正因为如此，才得到了全国人民的爱戴，成为千千万万艺术工作者的榜样，成为名副其实的“人民艺术家”！

目　录

引　言 / 001

第 一 章　晋地之中　彼汾一曲 / 001
第 二 章　流浪卖艺　并州学戏 / 013
第 三 章　名师打戏　少年成名 / 023
第 四 章　远走口外　挂了头牌 / 039
第 五 章　喜儿血泪　感化从军 / 047
第 六 章　新戏首秀　叫响冀中 / 063
第 七 章　救场失控　一跪成名 / 073
第 八 章　唱响世界　“土派”代表 / 089
第 九 章　太行少女　再成经典 / 103
第 十 章　“死的光荣”　汾河英雄 / 123
第十一章　一条大河　唱诵祖国 / 133
第十二章　钻研舞台　窦娥还魂 / 141

第十三章　恨山仇海　个人办会 / 155
第十四章　家乡风光　花篮花香 / 169
第十五章　劫后悲欣　唱哭中国 / 179
第十六章　别时掉泪　办学还愿 / 193

尾　声　破译魅力密码 / 212
主要参考书目 / 219

第一章

晋地之中　波汾一曲

汾河边上的香乐村隶属平遥县。不过，香乐村离平遥县城远，香乐人去汾阳县城倒是方便。村民向西一过磁窑河，就进汾阳地界了。香乐村中耸立着一块大石碑，半块碑身被水泥糊在下面。村民李绍基告诉笔者，碑上大字刻着“平遥西界”。立碑的时间是明朝万历年间。

如果这块碑没有挪过地方，那么香乐东半村在平遥县，西半村在汾阳市。今天，山西省道汾屯公路222线穿村而过。李绍基说：“香乐村向西是吕梁山，向东是太行山。”原来，在香乐村顺着汾河水流的方向，左手一指是太行山，右手一指就是吕梁山了！

磁窑河，古名塔莎水。今天的磁窑河是汾河的一条支流，它与汾河从北向南大致平行而下后于介休市汇合。不过，在古代，河流改道现象频繁，磁窑河也曾是汾河故道。

2500多年以前，这里或许就流传着这样的民歌：

彼汾沮洳，言采其莫。彼其之子，美无度。美无度，殊异乎公路。

彼汾一方，言采其桑。彼其之子，美如英。美如英，殊异乎公行。

彼汾一曲，言采其藚。彼其之子，美如玉。美如玉，殊异乎公族。

这是入编《诗经》后的样子。用今人能看明白的话说，该是：

汾河谷地采野菜，帅哥颜值爆了表。太帅了，他“官二代”可比不上！

汾水边上采桑叶，帅哥颜值赛鲜花。太美了，他“官二代”可比不上！

汾　河

汾河湾处采泽泻，帅哥颜值赛美玉。太棒了，他“官二代”可比不上！

或许正是先民们唱着民歌《汾沮洳》的时代，西周姬姓封地上的虢人迁移到了汾河边上，建立了一个“瓜衍县”。县境范围较大，含今日香乐村周边数县。县城在今天孝义市的大虢城和汾阳市的小虢城。虢人继续北迁后，始用“郭”为姓。西汉，郭姓继续流布。到唐朝重臣郭子仪被封为“汾阳郡王”后，汾水之阳的汾州就是其“食邑之地”。据说，现在汾阳市的栗家庄、田村、石塔、堡城寺、冯家庄一带，全是郭子仪的“饷田”。郭氏家族中有人专门定居到栗家庄经管这些田亩。于是，兼有长安风味的“地秧歌”在汾阳流行起来，一直到现在。

郭子仪画像

香乐村一带的郭姓人，是2000多年前虢人过境留下的，还是1000多年前重返汾阳的郭子仪的后裔呢？我们无法想象那么遥远的事情。

香乐村东牵平遥，西挂汾阳，北扯文水，南接介休，西南拽着孝义。周边五县县城，距离香乐村的路程差不多，香乐村在五县的中央。所以，香乐姑娘选帅哥，五个县的都可以！不知道《诗经》产生的年代香乐村有人定居了没有。假如有，他们夸的是哪个方向的帅哥呢?

五县中的文水县历史上曾属太原府，平遥、介休、汾阳、孝义四县曾同属汾州府。从流传下来的一句话“平遥家硬，介休家诈，汾阳家软，孝义家短”可见四县交往频繁，个性鲜明。这句古话，笔者是多年前听平遥籍晋剧名家程玉英说的，她进一步强调:“平遥人有股子劲哩。”晋中人一般认为:“平遥人固执近乎偏执，他们主体意识异乎寻常的强烈。”

郭兰英在“硬平遥”和“软汾阳”之间的香乐村出生并成长，她的个性是“硬”的还是“软”的呢?

郭兰英生于 1929 年 12 月 31 日。在她出生前，母亲刘福荣已经生了五胎。刘福荣生于 1901 年，属牛。她的丈夫郭英杰比她大十来岁。郭英杰有个哥哥，叫郭英武，本来同住一个大院子，但是英杰越过越穷，于是哥哥嫌弃弟弟一家，就在院子中间垒了一堵墙，隔开了。

英杰家为什么穷呢?

农民靠天吃饭，天不给粮食，就无法为生。对香乐村农民影响最大的磁窑河，曾发生一次重大洪灾。而山西是“十年九旱”，所以香乐村不涝即旱，土地本不肥沃，单位面积土地上人口又多，所以，当时的人们生存压力大。

郭兰英：我们那里土地收成不行，盐碱地，把那个土刮下来之后，完全可以熬盐。土地盐挺多的，就是不长庄稼。地本身就少，又不长粮食。你想想，只能穷。小时候受穷吃不上饭，脑子里头现在还记得清清楚楚。

笔　者：会梦见又没吃上饭？

郭兰英：有。在北京那些年经常就梦见饿醒了。太深的印象了。虽然是十来岁，就那么饿就饿了好几年，山西那个穷地方到现在我脑子里也忘不了。所以我看不惯有些人穿的衣服，我老说他，我这个人就是不习惯。[1]

此外，毒品的乘机而入，给社会、家庭带来灾难。有一个时期，山西“城镇村庄尽为卖烟馆，穷乡僻壤多是吸烟人。约略计之，吸之者十之七八，不吸者十之二三”[2]。毒品对汾河边农民的毒害已经很深。所以，在汾孝秧歌、晋中秧歌中，《劝戒烟》《断料子》就唱得非常多。

还有无节制的生育，给家庭生活更大的压力。郭英杰、刘福荣夫妇结婚后，陆续生了三个男孩子。多一口人就多一个吃饭的，所以，家境更加贫困。第四胎又是个儿子，索性送了人。

1928年，旱涝一并袭击而来。刘福荣第五胎又是个儿子，家里没有吃的，饿死了。

1929年，“麦禾即未下种，而雨泽衍期，秋种亦已绝望”，旱情波及63县。太原、汾阳、寿阳、榆次等县水旱交加，灾民饥饿流离。河东一带的人剥食树皮，吞嚼草根，父母妻子不相顾。在晋南地区，灾民鬻售子女，弱者沦为饿殍，强者转为盗匪。[3]

在香乐村，应付这场旱灾，不是容易的事情。郭英杰出卖苦力，常年住在地主家干活，很少回家。刘福荣操持着家务。

郭兰英就是在这样的背景下出生的。很多年后，她对笔者说："我五个哥哥呢！老五生下来没吃的，饿死了。这是我母亲说的。再下来第六胎就是我。"

郭兰英是家中第一个女孩子，可是面黄肌瘦的刘福荣没有奶水喂养。正好隔壁郭英武的儿媳妇生了娃，郭兰英吃本家嫂子的奶水，活了下来。

母亲第七胎、第八胎还是儿子，都给了人，以减轻家

郭兰英父亲郭英杰和母亲刘福荣

里压力。而郭兰英不在儿子们的排行里，她说：“那时候重男轻女，排行里女的不算。”

家里除了母亲、三个哥哥，还有一位奶奶。心爱（郭兰英小名）记事的时候，爷爷已经没有了，甚至没有留下过名字。她一岁多，对奶奶有一点点儿印象。她说：“我记得那时候奶奶已经很老很老了，白头发。她坐在门限上，抱过我。现在回想，就有这么一个印象。她后来什么时候死的，我也不知道。”

即使家境如此，但晋中本身就是个“戏窝子”，于是郭兰英爱看戏，爱看郭羊成演的戏。只要村里一演戏，郭兰英饭也顾不上吃。村里更多见的是“灯影”（皮影）。汾州文化圈里的“孝义皮影”是山西皮影戏乃至中国皮影戏的瑰宝，班社很多，曲调是皮腔（孝义吹腔）和碗碗腔，激越奔放。郭兰英迷恋唱腔，迷恋艺人手指上的功夫。“灯影”为她开启了另外一个光影世界：扁平的影里蕴含着深邃迷人的故事。在这个世界里，她的心是自由的……

笔　者：小时候在家过节，热闹，村里唱什么戏呢？

郭兰英：过节，村里有戏台，看灯影（皮影）。

笔　者：孝义家来演的？

郭兰英：是。拿着那个又说又唱，我喜欢那个（比划）。

笔　者：唱这个便宜。二三十个人才能唱戏，皮影四五个人就够了。

香乐村的富户人家才有学可上／李绍基提供

郭兰英： 小时候经常能看到，五六岁、七八岁的时候。咱们山西民歌大部分都是哭的，《陈家富回家》也是，只要是什么（山西民歌），它就哭。这说明农民生活的苦始终是改变不了，比如《苦伶仃》。[4]

小时候，村里常常闹秧歌，老百姓席地而坐，男的扮演女的，很是红火。有时，白天演木偶戏，晚上有皮影戏演出，一个人唱几个角色。但父母还不让孩子们去看，流传的一句话："胡说秧歌白说事，弄灯影的是胡狗屁。"那不是农民的正业。

在村里，亲戚不多，郭兰英还有个姑姑。但家里实在穷，郭兰英感觉老被人瞧不起。

笔　者：您父亲比您母亲大多少？

郭兰英：小时候从来没有问过，看那个样子大十来岁。父亲给财主家打工，自己家只有一点点地，养不了家。

笔　者：是姓任的地主吗？

郭兰英：大概是吧，因为我太小了。打工就是给财主家什么活都干呗，也不回家。我大哥活着的话一百多岁了，一年一个孩子，你想想，家里越穷孩子越多。当时没有节育的办法，他们也发愁生孩子。

笔　者：他们也没有什么措施？

郭兰英：旧社会农村里，生孩子，那家伙，没完没了。有的家里不生孩子，有的是生起来没完没了，家里越穷孩子越多，就是这样子。

笔　者：所以后来不得不给人了？

郭兰英：没办法，养活不起，眼看着孩子死，那就不好了，就送给人家，没什么吃的。

笔　者：吃什么呢？

郭兰英：我印象当中，产得多的就是高粱，成天吃高粱面，这个产量多，一年到头吃这个；白面很少吃，过年吃一点白面；小米都很少很少，一般生完孩子，吃点小米。我记得我妈妈，（煮）一锅，不叫小米粥，就是水泡小米，就是一点小米，一大锅水。没有什么吃的，饿死了两个孩子。

笔　者：您还算命大。

郭兰英：那么多小子，就一个女孩。

笔　者：那时候卖不了钱吗?

郭兰英：家家都穷，给人，人家能要就不错了。[5]

一个“穷”字，压在童年郭兰英小小的心上。她的三舅刘永贯在平遥城里做着布匹小生意，他惦记姐姐家窘迫的生活，不时送点布料来。可不久，三舅得病死了。母亲最值得依靠的一个亲人殁了，她大哭了一场。郭兰英聆听了母亲的哭诉，那哭诉似乎是用秧歌调唱出的生命大悲：“刘永贯，好亲人……”

平遥县香乐村外汾河边上，父母的坟茔是一种乡愁的牵挂

香乐村中比郭兰英晚一点出生的任秀香听说，实在没办法时，郭英杰拿个晾晒干的猪尿泡，弄根棍子，可以发出“咯吱咯吱”的声音，带着小小的郭兰英在街上唱，图口饭吃。村里一个叫任罗的村民，就对郭英杰说：“孩子是个‘灵锤锤’，跟上羊成打了戏吧！”过去学戏就叫“打戏”，每个戏子都是被师父打出来的。郭英杰舍不得孩子被打，但家里没有办法。

于是，郭英杰决定让郭兰英拜师学戏了。

【注释】

［1］郭兰英访谈，2017年5月11日，中国音乐学院西楼607室。

［2］转引自李军《20世纪20年代山西毒贩问题治理探究》，载《中北大学学报》（社会科学版）2006年第3期。

［3］参阅并转引自郝平《1928—1929年山西旱灾与救济略论》，载《历史教学》（高校版）2013年第11期。

［4］［5］郭兰英访谈，2017年9月18日，中国音乐学院西楼607室。

第二章

流浪卖艺　并州学戏

身材矮小上不了舞台，需要大人在身后抃住腰抱上舞台；身子没有道具木刀高，垂直提刀小胳膊需要用劲抬起，才可以使刀尖不着地，一不小心，刀尖就碰到台面了……郭兰英跟着师父郭羊成开始了别样的戏剧人生。很多年后，她回忆道：

> 周岁才四五岁吧，（我）跟着我师父在农村里头演出。唱完一个，等下一个台口。有台口，就继续赶路。师父把我放在驴上，骑着驴，两边都是服装道具，还有被子什么的。我坐在中间，铺一个褥子，坐在上头。
>
> （我）一开始跑丫鬟、才女，是龙套，但没打过旗子。俩小孩一起站着，下边嗷嗷的，挺开心的。后来就演《武松杀嫂》，那刀差不多比我还高，刀立在这儿，我的脑袋在这儿（比划），但是观众特喜欢。我特认真，我自己也挺带劲的。
>
> 起初演刀马旦，因为我能翻跟斗嘛。[1]

汾河边上的农村不是一般的农村，是“牧童遥指”的“杏花村”。唐代诗人眼前的“杏花村”在不在汾州？研究者有不同看法。不过，因为中国传统名酒——汾酒出自汾阳杏花村，所以一般人都认为，这首诗是在汾河边上写的。如果是，比郭子仪晚生 106 年的诗人杜牧，看到的是怎样的一个杏花村酒家呢？

千年后，近代可考的史料记载，光绪元年（1875 年），汾州府汾阳县南垣寨村绅士王协舒独资创办了杏花村白酒作坊——“宝泉益”。他们生产的酒，就是今天汾水边上的名酒——汾酒。

郭羊成出生前一年，清王朝开启“立宪倒计时”。现代意义上的教育机构——“汾州府中学堂”正式创办后一年，1907 年，郭羊成出生了。少年郭羊成顺着汾州府“通秦古道”到陕西学了戏曲表演。在陕西什么地方？现在无从知晓。他的徒弟们记得：师父“打娃娃”是在陕西。郭羊成为什么回了香乐村？不知道。郭兰英出生的时候，郭羊成已经 22 岁。到郭兰英可以学戏了，郭羊成带上郭兰英再次离乡在周边各县演出。

郭羊成师父

晚年赵桂兰

羊成早年未曾婚娶，他把郭兰英举到驴背上一起“走江湖”的时候，还带着另外一个女娃娃——赵桂兰。赵桂兰属虎，1926年出生在香乐乡赵家堡村，长郭兰英三岁，家境贫寒，跟上郭羊成学了戏。赵桂兰和郭兰英是郭羊成的第一代徒弟。

郭兰英回忆说：

> 她那时候是“童养媳”，九岁还是十岁，比我大那么几岁。
>
> 在临县，我们仨都睡在一个炕上，那么一间屋子。我记不住她叫什么，也不敢问是不是结婚了，反正比我大。那时候都没有给她起名字，后来给她起了什么名，我也不知道。[2]

《十万金》是郭羊成的拿手戏。任秀香回忆说，《舍饭》《六月雪》，郭羊成都很拿手。《六月雪》就是《窦娥冤》，大家知道。而《舍饭》是传统戏《牧羊圈》中的一折，故事非常悲情。汾河边上年轻的“男青衣”郭羊成唱着一路悲凉，跑吕梁，走黄河，过“杏花村”，该是怎样一番心绪？小小年纪的郭兰英跟羊成师父学武生戏，化妆后英姿飒爽。而赵桂兰因为“一包头就吐”，就不唱戏了。

郭兰英骑着毛驴“跑江湖”的时候，刘福荣继续生育。她生的第九胎，算七子，送给了汾阳县仁岩村一户人家；第十胎，算八子，送给了文水县某村一户人家。最后生的次女留在家里，日后嫁给了汾阳县肖家庄村民。

郭羊成，一个不到30岁的民间艺人，带着两个小女孩去搭班演戏，走的是求“舍饭”的路……他得对孩子、对孩子的父母负责任，步步辛酸。

郭兰英说：

羊成师父真好，那时候也没打过我。

只不过有一次，我早晨上厕所尿裤子了，他打了我两板子。[3]

吕梁山区颠簸的路上，郭兰英一句句学会了《二度梅》，她要在乡下登台亮相了。这是黄河波涛声中的1936年，在临县，听着隔岸传来的信天游，化妆后，郭兰英仿佛成了另一个人，而不再是自己；汽灯下，围观中，她进入了“陈杏元”的虚拟世界，她实实在在体验到了“演戏”的感觉，是第一次的新鲜，更是第一次的“忘我”。

郭兰英说：

“师父引进门，学习在个人。”由于旧的练声法不够系统化，有些地方不科学，所以能揣摩到的就学成了，但也有把嗓子喊破了以致一辈子不能再唱的。极端成功和极端失败的，大概各占十分之一。很多人学出来就是能平平常常唱几句。学习的进度也很不一致。比如我自己学了一个月后，就唱长至二十分钟的《二度梅》了。有些人学了两三年，都还不能唱一句的。[4]

“这小孩太入戏了，她叫什么？几岁了？”吕梁山区老乡们热切地打听着这个小演员的名字和年纪，羊成感觉到了某种成功的喜悦。“说不定，这孩子真是个唱戏的好把式！”羊成望着漫山遍野的红枣，得意地想。

一边学唱，一边还要有身上的功夫。羊成要求郭兰英睡觉的时候枕着脚，就是把腿掰到背后，脚枕在后脑勺下。88 岁时，郭兰英一边比划一边讲：

我为什么现在还能这么走？我的腿是练出来的。

小时候练功，晚上枕着脚睡觉，把脚翻起来翻到后边。前半夜左腿，后半夜师父用棍子敲：“换腿换腿。”整条腿拿下来的时候，都没有知觉了。心里想：“师父，不是自己的腿啊！”于是，把这条腿从后脑勺拿下来，再把那条腿掰上去，半夜，迷迷糊糊的。[5]

这腿一上来就在这儿，晚上枕着脚枕着腿睡觉啊！练芭蕾的都没有把腿掰到后头。我那时枕着腿睡，睡下，两个小时，然后师父敲着说："换腿换腿。"左腿已经没有知觉了，一点一点下来。师父说："快点快点，我还要睡觉呢！"然后再把这条腿（右腿）弄上枕着。

五点不到就又敲，起床了……这师父不容易啊，他也不能偷懒。[6]

郭兰英在平遥老家刚学会看戏的1933年，在榆次红了一个晋剧女小生——"十一生"郭凤英。她是榆次城外郭家堡村郭变小的女儿，受母亲桑氏爱看戏的熏陶，迷上了晋剧。

郭氏在郭家堡是大户，据说是由"汾阳王"郭子仪后人三兄弟郭秀实、郭子实、郭皇实传下来的，全村多数为郭姓。不过到20世纪初，村内同宗贫富分化严重，郭变小这支已经穷得叮当响。郭变小的妻子桑氏精明能干而且天性要强，在村里受不了族人的歧视，一气之下带着全家搬回城里投奔娘家，结果不成，只好到榆次北关租房子住。郭变小到火车站干体力活挣钱。

郭凤英的儿子李学舜接受笔者采访时说："北关院里住着一个（在）榆次开买卖的老板，有两个女儿。老板请师父教他的女儿学戏，我妈在旁边看。这样学了不少戏。"10岁，郭凤英正式拜晋剧名师"万盏灯"学了戏。师徒们在太行山区数县奔走卖艺两年后回到榆次，郭家堡族人听说郭变小的女儿学戏回来了，紧急找到"万盏灯"，要带郭凤英回村里受罚。他们认为，郭家不能出戏子，戏子是下三滥的营生，

郭凤英，艺名“十一生”

戏子将使郭家的荣耀蒙羞。如果坚持唱戏，就不允许郭凤英姓郭，并将郭凤英永远逐出郭家堡村。

“万盏灯”灵机一动，不让姓郭咱就不姓郭了！在写当天演出海报的时候，剧目《小别母》下，“万盏灯”顺手写了“十一生”，这便成了郭凤英的艺名。

秋风吹动宝刀寒，自古英雄出少年！

这是“十一生”在出生地亮相时的两句台词，恰恰可以说出她当时的心境。她把一个女孩子扮演男孩子的英气尽显无遗。于是，“十一生”轰动了榆次城。

接下来的几年中，“十一生”在榆次、太谷、太原一带攒足了名气，技压群芳，声震剧坛。1942 年，“十一生”已定居省城太原以唱戏为生，父亲郭变小和母亲桑氏与她一起，打理她的生活。这时候，郭兰英来到“十一生”家。郭凤英的母亲桑氏和郭兰英家写了契约，郭兰英家收了桑氏80元钱，郭兰英从此在郭凤英家学艺，三年出师。

郭兰英本名叫“心爱”，这时易名“郭兰英”，“十一生”与她姐妹相称。是哪层关系让郭兰英有了到太原进“十一生”家学戏的机会？有两种不同的说法。

《晋剧名生郭凤英》中说：

> 三十年代初，其父郭应甲[7]外出谋生，曾在榆次火车站当搬运工，并结识郭凤英之父郭变小。山西沦陷后，兰英的家境更加艰难，在她13岁那年，随父亲到了太原。郭应甲听说郭变小在太原，唱戏的名角“十一生”就是他闺女，遂领着兰英到了他家，想让兰英也到戏班里学点本事，日后也好有碗饭吃。因为是晋中老乡，又是穷苦朋友，郭变小夫妻没有多加考虑，也没有征求凤英的意见，便将兰英收下了。从此郭凤英、郭兰英结成了异乡同姓姊妹，走上了同一条艰难的道路。[8]

而郭兰英回忆，是香乐村一个叫“任狗儿”的牵的线，两家父亲并未沟通。她说：

> 我母亲让人贩子领着我，到太原以后，给郭凤英，艺名叫“十一生”。

那个时候，我九岁，（当）学徒。当时是学徒，实际上是卖。那个人叫“任狗儿”。反正九岁，写了文约的。到十三岁，在她家待了四年。

这是郭兰英 2017 年接受笔者采访时说的话。在刘大海的《演唱艺术家郭兰英》一书中描述，郭兰英到太原时的年龄是 11 岁到 12 岁。[9]《晋剧名生郭凤英》一书说，郭兰英到太原是 13 岁，大约在 1942 年。

郭兰英说在桑氏门下一共生活了四年，笔者推断，应该是 1942 年到 1946 年这四年。这段时间，她的年龄是 13 岁到 17 岁。

【注释】

[1] 郭兰英课堂实录，2017 年 4 月 21 日、24 日晚，中国音乐学院。

[2] [3] 郭兰英访谈，2017 年 5 月 11 日，中国音乐学院西楼 607 室。

[4] 郭兰英：《从山西梆子看传统的中国唱法》，引自中国戏剧家协会编《新歌剧问题讨论集》，中国戏剧出版社 1958 年版，第 439~440 页。

[5] 郭兰英课堂实录，2017 年 4 月 24 日晚，中国音乐学院。

[6] 郭兰英课堂实录，2017 年 4 月 21 日晚，中国音乐学院。

[7] 郭兰英认为应写成“郭英杰”。

[8] 引自李文虎《晋剧名生郭凤英》，北岳文艺出版社 1998 年版，第 86 页。

[9] 刘大海：《演唱艺术家郭兰英》，中国文联出版公司 1986 年版，第 61 页。

第三章

名师打戏　少年成名

在郭兰英到来前，桑氏已经“买”了一个小女孩，叫郭美英，比郭兰英小四岁，是兰英的平遥老乡。这样桑氏名下三个唱戏的女孩子以年龄排序是郭凤英、郭兰英、郭美英。郭凤英已经成名，桑氏请师父，专门教郭兰英和郭美英学戏。

“福义丑”是桑氏为郭兰英和郭美英延请的第一个师父。他是清徐县的，本名王福义，早年在蒲剧班社唱旦角出名，年纪大了以后，眼睛、嗓子都出了点毛病，只好改丑角，不料依旧精彩，得名“福义丑”，观众送他绰号“草上飞”。

“福义丑”师父

天不亮，福义师父就叫兰英、美英起床，一起到海子边晨练。

海子边是汾河东岸的一处洼地，元朝时，因“积水的地方”在蒙古语中叫“海子”，其周边一带便得名“海子边”。“海子边”这一称谓在太原已有700多年，见证了太原的沧桑巨变。

海子边曾经繁华过，社会稳定的时候，这里是城边美景。清代狭邪小说《花月痕》写道：“走到东南城根边，遥见一带波光，澄鲜如镜，掩映那半天楼阁，俨如一幅画图。”而郭兰英走到海子边的时候，正值抗战时期，社会治理混乱。所以，海子边行人寥落。一大清早，福义师父就将两个孩子领到一面墙前，让她们面壁喊嗓子。

福义师父示范：“咦——”

孩子们跟着学：“咦——”

福义师父示范：“啊——”

孩子们跟着学：“啊——”

师父的声音出来清丽而绵长，带着情感，孩子们一时难以做到。兰英感觉到了差距，她很用力，甚至憋红了脸，还是不像师父的声音那样好。福义师父说：“别着急，这需要日积月累，慢慢才能练成。”

兰英、美英自己喊，师父耐心听着，不时给予指点。

等嗓子喊热了，师父教兰英、美英念白。《三娘教子》中王春娥的一段念白，郭兰英和羊成师父学过，在一句“懵懂的小奴才把娘瞒哄”之后，念近200个字：

儿啊，你今逃学的意儿，为娘心上全然明白。你见

> 旁人孩子玩耍，你也要玩耍，你可怎比得人家，旁人家孩子，下得学来，上靠二位父母，下靠三兄四弟，我儿你靠着谁来？靠天天高，靠地地厚，靠亲无亲，靠故无故。靠着为娘，娘乃中年寡居，靠着薛保，他已风烛残年。儿啊，你可晓得，学成了如梁如栋，学不成如蒿如蓬；学成了如金如玉，学不成如土如泥。岂不知：三更灯火五更鸡，正是男儿立志时，少时不把苦功用，老来读书悔不及。

这段话表达了“有靠可玩，无靠则学”的核心观念。在“玩”—“靠”—“学”三个层次表述上，逻辑清晰，态度恳切。主人公使用了对比、比喻、排比等多种修辞手法，入情入理地启迪晚辈“少年学习才是硬道理”。福义师父选择这段念白启蒙，同时达到了对兰英、美英的教育作用。她们家境贫寒，无天、地、亲、故相依靠，才来学艺。如果学不成，未来自己的价值等同于泥土。要想未来身价是“金玉”，勤学苦练是必由之路。

从舞台表演的角度看，这样长的一段念白，道理恰恰是简单的道理，理解起来不难。演员如果念得没有味道，表达不出人物特殊境况中的生命感悟和望子成龙的思想感情，怎么能让观众坐得住？

所以，喊开嗓子后，第一要做的是“念功”。

海子边的阳光是被兰英喊出来、念出来的。等天亮了，海子边有一些活动的人了，师父带着孩子们回去，回到院子里教身段。

2017 年，郭兰英在中国音乐学院多功能厅给学生们上课时说：

> 那时候练功就苦了。因为我已经受了那个苦了，主要是戏曲的功夫，我作为一个演员，演戏也好，唱歌也好，都能用到。身体整个形象、气质出来，主要是这个。
>
> 一开始也是跑圆场啊，在院子里头，走路都坑坑洼洼的，一块砖一块砖的，四方的，破破烂烂的，走圆场、下腰、踢腿、拿顶、翻跟头，就在那个院子里头。
>
> 或者师父拿一个放羊鞭子，有时候你的手刚下去，手一到地下，他拿鞭子“啪”一抽，抬起来就打不着，抬不起来，那个鞭子就缠到手上了。这样鞭梢要从手上拽下来，手全都是破的，一层皮都下来了。

福义师父教了一段时间走了，新来的是“九二师傅”。“九二师傅”本名张春林，按照《晋剧百年史话》口述人王永年的推算，“九二师傅”出生于 1886 年，即丙戌狗年，清光绪十二年。他教郭兰英的时候，已经 56 岁了。虽然师父换了，但晋剧教学模式是一代代沿袭下来的，都一样。郭兰英回忆说：

每天清晨四点就空着肚子到野外去练声。开始并不大唱，而是“喊嗓子”。师父教我们喊“唔”和“啊”（“唔”是闭口音，“啊”是开口音）两个字，“唔”字发音时由小肚子（实际上就是一种胸腹相配合的呼吸法，并非把气吸到小肚子里去）经鼻腔共鸣再从嗓子里出来。“啊”也是从小肚子出发，但没有鼻腔共鸣，是圆的。喊“唔”或“啊”字时，也有高低音的变化，但极简单，喊了十分钟到二十分钟之后，嗓子里“热火”了，就是“润”了；再下去念道白。道白的声调比唱低，比说话高；每一句道白中，有高有低、有强有弱，作用是练声音又练字。我初学时，常练的一段道白是《三娘教子》。念到“出溜儿”（即嗓子眼滑了）时就好了，接下去才用戏中的腔调来练习；喊嗓子和念道白是为练唱做了很好准备。当时不管身体好坏，我们每天不间断地总要有三四个钟点的练声。

成名后的郭兰英专程回太原看望“九二师傅”张春林

师父教唱，主要根据徒弟的具体情况。鼻音太重的，就光念道白；位置不对时也不许唱。每人的毛病不同，每天的情况也常有变化。我们有好几个师父轮流教，但方法是统一的。所以虽然换了人，也并不妨碍教学。

声音要能运用自如，须掌握几种位置，即靠前、靠后、靠里、靠外、中音，及“脑后摘筋”（指头腔共鸣），等等。靠前音不用小肚子发，而是逼在前面的（“嗳”）。中音是小肚子出来的，因运用底下的气顶上来，所以最圆润充实。“脑后摘筋”是把声音绕到脑后去（唱“一马离了——”）。这几种声音，不能单用一种，主要是综合起来运用；虽然位置不同，发音的原理都是一样的。[1]

北方冬天的早晨，寒风凛冽，郭兰英一如既往地去海子边。师父要求兰英伏在冰面上练声，直到把坚硬的冰面哈出一个洞来。即使刮着大风，飞着雪花，都得张大了嘴，对着风、对着雪喊嗓子。有时候身体不舒服，也必须坚持不懈地练。

早上四点到八点，海子边练声四个小时。回到院子里，是两个小时练习武功的时间。早晨这六个小时结束后，才能吃早饭。早饭之后，大约十点到十二点，练习勾嗓子。

郭兰英说：

> 所谓“勾嗓子”，是唱时双手举起，一腿抬高。我小时练的一句是“卖，卖，卖水……啦……”如能在这种情况下唱得位置正确，运气从容，那就表示唱功已经得起考验了，正式唱戏时，不会感到费劲了。同时，因为我们上台时常须边舞边唱，甚至表演栽跟斗时都要唱，这种勾嗓子的办法，可以锻炼这方面的能力。[2]

中午过后，需要练习“吊嗓子”。

> 所谓“吊嗓子”，是一种特别的唱法，我们叫做“拉二音”，就是把气逼在里面，唱高音的“咿……”换气的方法，和正常的相反。因为唱时气是往里吸的，换气反是往外呼了。这种唱法很易累，但有它的特色。因为音细而尖锐，用在表现悲和喜有独到之处。“吊嗓子”除了“唉”“嗨”，我学时常唱《打经堂》中的“五花腔”。（唱：“人生在世，再长岂有一世，唉……咳……唉……咳……”）这段相当复杂，其中有腔有肉，唱着是否有腔有韵，就以此为考验。[3]

一天中的第二顿饭，吃得比较早。晚饭之后的时间，要听师父念戏。因为那时候戏班子里的师徒基本不识字，师父的戏文都记在肚子里。于是，师父一句一句教，兰英一句一句记，全是口传心授。晚上有时候还要到戏园子里演出，

“狮子黑”乔国瑞在晋剧《嫁妹》中饰演钟馗

演出结束回家，一般都到夜里十二点了，等睡下，就更晚了。有时候，真正休息睡眠的时间，只有两个小时。

睡觉的两个小时也不消停，枕着腿睡，再换了腿继续枕着睡。这日子全是和身体较劲。

这就是一个学戏孩子的一天，这样的生活至少持续三年。为了未来成为“金玉”而非“土泥”，做着好梦的孩子们必须忍受这番苦。老话说：“不吃苦中苦，难得人上人。”尽管许多孩子终其一生没有成为“人上人”，但在少年时候，也不能不吃苦中苦。

至少，郭兰英是这样过来的。

到了太原，郭兰英就由师姐郭凤英带着开始闯荡省城演艺圈了。那时，郭凤英搭班新华剧社，在太原开化寺新化戏园演戏。新华剧社的班主，是晋剧界拥有最高声望的“果子红”丁果仙和“狮子黑”乔国瑞。

乔国瑞，1881 年出生在太谷，本名根林，工花脸，因晋剧花脸称“黑”，所以艺名“狮子黑”。他 14 岁学戏，登台后以威武的扮相、洪亮的嗓音、大方的工架名满剧坛。他文武净角无所不能，且为人刚正不阿，能急人之所急，受到同仁的敬重。

丁果仙，小名果子，因晋剧须生称“红”，所以她艺名“果子红”。丁果仙于 1909 年出生在河北束鹿，本姓钱，幼年时以几斗粮食为价卖与丁家。1912 年，丁家父母带着她到太原市投亲，受尽凄苦。她 7 岁起学戏，受尽责打之苦。她

1958 年，晋剧泰斗丁果仙（中）演出《空城计》

“宁愿自己累死，不让师父打死”，练出了过硬的本领。她十五六岁红遍晋北，乃至张垣（张家口）、京津。“女演男而不露女相”“女演男而胜于男”，丁果仙创造了一个剧坛神话。1936年，丁果仙应百代公司邀请灌制唱片，获得“晋剧须生大王”称号。

新华剧社1937年起班，一直在太原有很高的声誉。日寇侵占太原后，丁果仙不甘受欺凌，挂须归田，到忻县令归村隐居去了。所以，这时候的戏班由“狮子黑”一个人掌管，郭凤英在戏班担当小生行的演出。

> 经狮子黑同意，相约兰英不挣戏份，只跟班学艺。说是跟班学艺，实际那时兰英已能演不少小戏。她和小果子（马秋仙）演的“对对戏”（情节简单的小戏），由于两人都是好嗓子，表演认真，长得也可爱，所以每演都能获得观众好评。可是鉴于当时众梨园的营业状况不好，加上论资排辈的思想作怪，兰英她们只能唱“帽帽戏”（一场戏演出中的第一个剧目），等观众到齐了，她们的戏也演完了。要么就是在别人演的戏中扮演个说不了几句话的人物，顶多在台上出出进进跑那么几次。所以好多观众对她们始终不大熟悉。[4]

进入晋剧界，郭凤英和母亲桑氏、“九二师傅”对郭兰英进行了一段时间的考察。大伙儿一开始觉得，郭兰英个儿矮，脸型宽而长，扮相为小武生的话，会呈现英俊灵秀的舞台形象，于是，就确定了小武生的行当，并为她排了《翠屏山》中“石秀”的戏。

但郭兰英身上，清丽的嗓子是无价之宝。“九二师傅”就和郭凤英、桑氏商量：“如果让孩子完成大量的武生动作，同时还要唱着，嗓子肯定受不了。如果把孩子的嗓子练没了，岂不有点可惜呀！”

大家意识到了这一点，就停止了郭兰英的武生功夫训练。而郭兰英基础好，学动作灵气，于是又被确定为刀马旦。但刀马旦的武功一样需要强体力支撑，同样面临对嗓子的保护问题。

“九二师傅”再次和郭凤英、桑氏商量，索性不让孩

为丁果仙庆贺 32 岁生日，中排左一（郭兰英，11 岁）、左六（丁果仙）、左八（郭凤英）

子练武功了，远离棍棒，改成了小花旦，充分保护嗓子，不要因教育而泯灭了天赋的资本。

不练武打等外在的形式，兰英就一门心思学习行腔和对人物精神的把握，唱功更见精进。大段的演唱，郭兰英应付裕如。“九二师傅”又一次找到郭凤英和桑氏，说：“兰英处处都好，自从不练武打之后，行腔更加圆润饱满，做戏更为准确生动。花旦发挥不了她最大的潜能，咱让她唱青衣吧！她要早成功，全凭一个唱就行！”

郭凤英也看在眼里、喜在心上，桑氏更巴不得兰英能赚钱。于是，青衣就这么定了。郭兰英说：“改成花旦、小花旦，不拿刀枪剑戟什么了，全都是小手绢。后来觉得不行，花旦唱得不过瘾，最后就改成了青衣。”[5]

果然，兰英改了青衣，武功的积累用得上，更重要的是演唱的优势发挥出来了。于是，兰英一举成名。2017 年，她在中国音乐学院说：

> 我唱出名的戏叫《火焰驹》，也有武打，一般是要跳起来，蹲下去。其中有一段戏叫《打路》，我是从那段戏出名的。我师父和我一块演。（在）旧社会啊那就叫角儿了，就是大师了。什么是大师？在旧社会就是“老板”“角儿”“挂头牌的”！[6]

在郭兰英所处的那个时代，艺人名字在海报上的位置与书写方法有个规律，一般分“站着”“坐着”“躺着”三种。最有名、最有市场感召力的艺人，他的名字从右到左横着写，最耀眼，这叫“躺着”，这就到顶级大师的位置了。其次，主要角色，姓在上，名在下。下面的名字也从右到左写。他的姓名三个字呈正三角形“稳坐”海报中间。这是头牌。其他配角演员，名字竖着写。这叫“站着”。站着的位置，也分次序，从靠近“坐着”的到最边缘的。排序体现了演员在剧中担任角色的轻重。

郭兰英说：

> 从“站着”的最后一排，一个劲地往里挪，一直挪到挨着“坐着”的，那就不得了了。这时候，你浑身的武艺就差不多了。当然，浑身上下也没有一个地方是好的了，全都是伤痕了。当你“坐”上去了，“坐”那里了，这就是“挂头牌”了，然后就是叫“老板”了，再上去，就是“躺着”的了。
>
> 你别说，旧社会，很多事情都很有讲究，观众都懂。[7]

郭兰英的名字从边缘一步步升了起来，这是一个旧艺人的成功梦想。为了满足虚荣心和在业界的名利观，桑氏强迫郭兰英镶了两颗金牙。郭兰英说：

本来都是真牙，门牙旁边两个牙要镶上金牙。为什么呢？在旧社会，你就是必须得镶，镶完了以后你才能够出名，你不镶就不能出名。

那时候，师父就是把我的牙边上磨完了以后，套了两个金牙的那个套。套上去，特别扭。我那个时候不懂，本来演戏化上妆，那个戏曲妆已经够花哨的了，结果这个嘴上也给它打扮，我出去就张不开嘴了，老是低着头。结果师父就说你必须得要露出这个金牙来，你不露这个金牙给你镶这个干什么呢？就是让你露金牙。

我说："露金牙，算什么戏呀？"

他说："这也是一出戏。"

我说："这叫什么戏？"

"金牙戏！"

没听说过，他说不出什么来，只有这样。他必须得要让你镶上。[8]

【注释】

［1］郭兰英：《从山西梆子看传统的中国唱法》，引自中国戏剧家协会编《新歌剧问题讨论集》，中国戏剧出版社 1958 年版，第 435~436 页。

［2］郭兰英：《从山西梆子看传统的中国唱法》，引自中国戏剧家协会编《新歌剧问题讨论集》，中国戏剧出版社 1958 年版，第 437 页。

［3］郭兰英：《从山西梆子看传统的中国唱法》，引自中国戏剧家协会编《新歌剧问题讨论集》，中国戏剧出版社 1958 年版，第 437~438 页。

［4］李文虎：《晋剧名生郭凤英》，北岳文艺出版社 1998 年版，第 87 页。

［5］［6］［7］郭兰英访谈，2017 年 4 月 29 日，中国音乐学院大学生活动中心。

［8］见凤凰卫视《鲁豫有约》。

第四章

远走口外 挂了头牌

1945年夏天，郭凤英的丈夫李子茂要回北平处理些杂务，而且北平城还住着个大太太。郭凤英和儿子李学舜住在归绥也没意思，于是就决定一起前往北平。途经察哈尔省会张家口，碰上旧时师妹筱桂芳在此搭班演戏。筱桂芳再三恳求郭凤英替她演赵云，郭凤英装扮登台，立刻火了张家口。这次临时上阵，为不久后郭凤英全家到此营生埋下了伏笔。

郭凤英与丈夫李子茂

1945年的北平，生活物资供应匮乏，真正的粮食都拿去支援战场了，给老百姓的叫“混合面儿”，就是把糠、麸、磨碎的豆饼混合在一起，食盐紧缺，煤电加价，市民日常生活严重困难。在北平，郭凤英感到了生活的无比艰难。不得已，她决定重操旧业。《晋剧名生郭凤英》说：

> 郭凤英夫妇到北平后，没几天便把仅有的一点积蓄都花光了，吃饭成了他们首先要考虑的问题。做生意缺少资本，演戏又没有合适的戏班，经过再三商量，他们最后选定了重返张家口演戏这条唯一的求生之路。于是很快将父母亲及兰英、美英接到北平，准备一同前往张家口。由于战争，当时北平到张家口的火车已不通，只能坐到南口，然后再起早出居庸关奔张家口。一家老小长途跋涉，沿路的艰辛是可想而知的。[1]

郭兰英随师母、师姐到达张家口，先把家安下来，就寻求搭班演戏的机会。张家口是当时的察哈尔省省会，是北平西去的重要驿站，是汉族蒙古族贸易、中俄贸易的重要运转枢纽，是晋商发迹和操控大西北贸易的中心。明、清两代数百年，山西商人往来于此，晋中方言和山西晋商的家乡戏——中路梆子，成就了张家口人的基本文化形态。

郭兰英在这里与另一位晋剧大师牛桂英相遇。

牛桂英于1925年出生在榆次县张庆乡小张义村。从小受尽人间苦，做“童养媳”几经倒卖。9 岁到祁县娃娃班打了戏，工青衣。1940 年随戏班远赴口外演戏。当郭兰英来到张家口时，在包头卖艺受辱的晋剧大师牛桂英已返回张家口唱戏了。

牛桂英在这里，从好的方面讲，受教于一代名师李子健。他是牛桂英的晋中老乡，太谷人。李子健是“晋剧四大名旦”之一，他把儿子李世芳培养成了“京剧四小名旦”之一。另一件幸运的事，是牛桂英有机会和“晋剧须生大王”丁果仙合作。这为她日后成为“晋剧第一青衣”奠定了基础。

在张家口，牛桂英与名丑赵步桥结婚，这是幸还是不幸？相关史料载：

> 赵步桥：乳名赖货，徐沟城内东南坊人，是张家口一带有名的武丑……幼时家贫，就到孟封娃娃班住科打了戏。出科后便随园到了张家口，多年在口外施展才华，除在戏班唱戏外，还兼做其他生意，赚了不少钱。在张家口名望很大，光戏箱就有六七副。[2]

赵步桥的生意涉及“演艺运营”，他经营着剧院，被张家口人视为“戏霸”。那么，嫁与“戏霸”的牛桂英日子好过吗？实际上可能非常不如意。赵步桥经常打骂牛桂英，夫妻关系不好。郭兰英回忆说：“她是挺可怜的，赵步桥高兴了就拿她耍着玩，不高兴了就‘啪啪’打耳光子，拳打脚踢的，但她没办法，因为赵步桥是恶霸呀。牛桂英给他生了两个孩子，不知道这孩子在哪里，北京还是张家口？不知道和牛桂英有没有来往。”

牛桂英在回忆录中说到了郭兰英：

> 我在张家口的时候，听到太原来人传说，省城太原山西梆子戏班又出来两个新秀，一位是马秋仙，艺名小果子，是根根红的侄女。一位是郭兰英，是郭凤英的妹子，两人的嗓音都清亮高昂，如同金玉之声，演戏很叫座儿。1945年，郭兰英随养母一家来到张家口，与我们同台演出，先在同德戏院，后转到桥东地区的新新剧院，郭兰英上演了《金水桥》《血手印》等戏，后来我们一同排演了连台戏《金鞭记》《西游记》等。她天生有一副好嗓子，扮相俏丽，演戏很有灵气，极受观众的欢迎。[3]

《二度梅》中牛桂英饰演陈杏元

1953年全国戏曲汇演，郭兰英在《金水桥》中饰银屏公主

她（郭兰英）演的第一个戏是《算粮》，饰剧中王宝钏这一角色。登台亮相后，她那宽亮的嗓音、优美的身段、精湛的演技一下子征服了观众的心，赢得了满堂彩。接着，又演了《明公断》《教子》等戏，进一步博得了观众的喜爱。广大戏迷很喜欢这位扮相美、嗓音冲、吐字真、做派好的晋剧新秀。戏班无论到哪个台口演出，观众都热情地点她的戏。一时间，山城戏迷争夸郭兰英，在他们中间，流传着两句表达心声的"顺口溜"："宁卖二斗红高粱，也要听郭兰英唱一唱。""误了相亲坐席，别误了看郭兰英演戏。"[4]

郭凤英和郭兰英姐妹在张家口南营坊同德戏院演了一段时间，转场到堡子里的裕民戏院演出。除了和别的艺人合作，姐妹俩的代表性作品《二度梅》轰动了张家口。剧中，妹妹郭兰英饰演陈杏元，姐姐郭凤英饰演梅良玉。牛桂英、郭凤英演对手戏，郭凤英、郭兰英演对手戏，给观众的绝对是一流的享受。

郭兰英回忆说：

到张家口，我就是“坐着”了。这就不简单了，还没有“躺下”。“躺下”的那就是“大老板”了，比如梅兰芳一定是“躺着”的。“坐着”的时候，我演了《秦香莲·铡美案》《王宝钏》《二度梅》《三月会》《白蛇传》《血手印》……演了有二三十出戏。

除了演青衣，还演花旦。《刘金定》《樊梨花》全都演过。因为那个时候我可以发挥了，“挂头牌”了。

为了叫座就换着演，文武一块来，什么《天仙配》《天河配》都演。[5]

郭凤英（左）、丁果仙（中）和牛桂英（右）

【注释】

［1］李文虎：《晋剧名生郭凤英》，北岳文艺出版社 1998 年版，第 98 页。

［2］《清徐文史资料第九辑——徐沟戏剧史话》，政协清徐县文史资料委员会 2004 年内部印行，第 38~39 页。

［3］赵志冲编：《牛桂英舞台生活回忆》，山西人民出版社 1993 年版，第 67 页。

［4］杨继先、张恒宝：《郭兰英情系张家口》，载《山西文史资料》1999 年第 5 辑。

［5］郭兰英访谈，2017 年 4 月 29 日，中国音乐学院大学生活动中心。

第五章

喜儿血泪　感化从军

对牛桂英帮助甚多的李子健，1930年定居北平，专心教育儿子李福禄学习京剧。李福禄进富连成科班，专工青衣兼花旦、刀马旦，改名李世芳，出科后，被誉为“小梅兰芳”。1936年他正式拜师梅兰芳，他们不仅是师徒，更如父子。

张家口不仅是“晋剧的第二故乡”，而且京剧在此也很有市场。成名后的李世芳常来张家口演出，李世芳因父亲的关系，和晋剧艺人关系很好，于是和郭兰英也熟悉了起来。

到了张家口，郭兰英有了更多接触其他戏曲样式的机会，知道了京戏的大牌演员叫梅兰芳、程砚秋。

郭兰英： 梅兰芳的表演，程砚秋的唱，我原来以为他们是女的，结果都是男的。

笔　者： 您什么时候以为他们是女的呢？

郭兰英： 没有见他们的时候，以为“四大名旦”都是女的呢。结果见了面以后，哎呀，是男的。

笔　者： 原来晋剧里也都是男旦吧？

郭兰英： 是。不过，梅兰芳这些（名旦）给我第一个印象是女的。到了张家口，梅兰芳的徒弟、李子健的儿子跟我们很熟，跟我师父很熟，他老说“我爸爸怎么怎么”。我问：“不是你妈妈么？”李世芳说：“我爸爸，怎么是我妈妈呢？”名旦是他爸爸，这我才知道。[1]

郭兰英那时候还是学徒，李世芳比她大好几岁，也比她名头大。

当郭兰英在张家口成长的时候，1945 年 4 月 28 日晚，在延安，经过几番摸索而排好的歌剧《白毛女》马上就要公演了。正值中国共产党第七次全国代表大会期间，中央首长应邀来到演出现场。恰在关键时刻，“喜儿”的扮演者林白出了问题，一说是妊娠反应，一说是严重腹泻，反正无法登台。[2]

王昆

无奈，只能启用 B 角——王昆。她 1925 年 4 月 15 日出生在河北省唐县南关茂盛院。刚刚过了 20 岁生日，王昆就面临着登台唱全新大戏的考验。

演出当天在现场的贺敬之 2017 年回忆说：

> 演出的时候，我的具体工作是司幕，拉幕布的。大幕开了，还有一个二道幕。再有一个就是辅助演员生活上的一些事。
>
> 毛主席来看戏的那一天，他没有像其他观众那样表现得兴奋，他一直都很沉静，很注意地在看，眼睛含泪。在什么地方呢？最后“太阳底下把冤伸”，他的眼泪几乎要掉出来了。[3]

王昆完成了任务，所有参与其中的人，心里的一块石头落地了。参加首演的，除了王昆，还有杨白劳的扮演者张守维，黄世仁的扮演者陈强，大春的扮演者李百万。主创者之一、作曲家马可在1945年7月1日的日记中写道：

> 这半年我的工作绝大部分集中在《白毛女》上（由创作到演出），这个工作前前后后动员了很不少的人力和物力。作为一种新的形式的尝试，自然有它的意义与成功处，当然在中国新歌剧的创作的日程中，问题太多了，我们没有能力也没有条件来全部解决，但是我想说在部分的问题上有某种程度的成就，至少是提出了应该提出的问题。
>
> 《白毛女》在校内预演先后经过两次大的修改，无数次小的修改，最后在鲁艺有两种意见。一种是干部之间的，对这个戏意见很多，有的甚至根本怀疑它，至少

作曲家马可

也在技术方面、表现形式方面提出很多非难；另一种是杂务人员及桥儿沟老乡的意见，他们是拥护这个戏的。我们在离开鲁艺前很为这两种意见的分歧所迷惑，所以信心非常不高。但在党校演出后，得到全体观众的赞美，从此巩固了我们的信心。张庚同志说中央的同志以及一般群众首先是由内容入手来评论，而鲁艺的艺术工作者首先由形式方面、技术方面来评论，强调前者不大会发生错误，但强调了后者就很容易发生错误。张庚同志这种评论之评论我认为是中肯的。

音乐方面接触到的问题也不少，这些问题需要总结，但现在还没有时间。[4]

《白毛女》的主创团队，正寻求突破旧剧束缚的方法，努力开辟中国新歌剧事业。而《白毛女》的成功，预示着这一探索结出了丰硕的果实。

郭兰英在张家口辉煌着也忐忑着的时候，“人变鬼”和“鬼变人”的戏已经成型，王昆、林白唱着新歌剧正向她走来……

北风那个吹，雪花儿那个飘，
雪花儿那个飘飘，年来到……

一年又一年，郭兰英这年16岁了，她会迎来个什么年？

《白毛女》剧组到了张家口，他们知道这里有个郭兰英，郭兰英也知道张家口来了新戏《白毛女》。郭兰英说："我在张家口演晋剧，满城都给传开了，说《白毛女》怎么好怎么好。我因为天天在演出，所以没有时间看。有一天，我只演一个比较短的折子戏《血手印》，在最后压轴的。之前是班上其他演员的折子戏。这期间有两三个小时，我就趁这个机会跑到人民剧院去看了《白毛女》。"[5]

我早听人家说《白毛女》是个很好的戏，是个"歌剧"，歌剧是个什么样的东西我也不知道。我早就想看了，就是没有机会。这次好容易碰上，我就兴冲冲地跑去看戏。戏一开头就"拿"人……说实在的，这时候我已经演过几年戏了，我知道舞台上人物的喜怒哀乐都是演员表演出来的，所以我看戏一般的是不那么容易激动的。可是看了《白毛女》，我却怎么也控制不住自己的感情了，一边看，一边就止不住地流下了眼泪……我们戏班那边前面唱的帽儿戏快完了，该我上戏，我还没有回来，

张家口时期的《白毛女》剧照

演员就把戏“马后”，拖得挺长，到《白毛女》第一幕完了，我才赶回戏班。大家一看，我哭得像个泪人儿，眼睛都哭肿了，以为我出了什么事，围着问我，我却什么话也讲不出来。这时前边已经起了锣鼓，就等我出台，只得匆匆抹了两道眉毛，化了个素妆就上台。那天的戏根本没有演好，不知怎么搞的，本来要演一个多钟头的戏，我在四十多分钟就赶完了。心里还一个劲儿惦记着那边的《白毛女》。也没顾上把黑眉毛擦净，把红嘴唇抹掉，就往那边跑。还好，赶上了最后斗地主那场戏。[6]

一开始觉得还好，看着看着就看进去了。尤其是杨白劳喝了卤水，死了。看到那时就不行了，哭得我受不

> 了。我定在那儿，想走，双腿走不了，差一点儿误了自己的演出。
>
> 看完演出，我回去怎么也休息不好，心里头总是想着《白毛女》。我心里就有了一个打算，这才叫演员演戏，这叫真戏，演员演的真戏，所以我就特别喜欢《白毛女》。[7]

郭凤英、牛桂英也在这个时候看了歌剧《白毛女》。牛桂英回忆说："这时候我们观看了华北联合大学文工团演出的歌剧《白毛女》，王昆扮演白毛女，陈强扮演黄世仁，戏演得非常激动人心。这是我第一次接触革命文艺，也是第一次听歌剧，真感到新鲜。《白毛女》的演出影响很大，街谈巷议，群众张口闭口都说《白毛女》，相比之下，我们老演传统戏的剧团，不管是晋剧、京剧或评剧都觉得必须改革才行。毛主席《在延安文艺座谈会上的讲话》中说的革命文艺是'团结人民、教育人民、打击敌人、消灭敌人的有力的武器'，《白毛女》的创作与演出不正说明这个道理吗？于是领导号召大家要向文工团学习，多排演新戏，由晋剧团排演了现代戏《张初元》，京剧团排练上演了《血泪仇》，使我受到了深刻的阶级教育，我记得当时聂荣臻元帅观看《张初元》戏后，上台接见鼓励了我们。"[8]

1946 年 10 月，中共中央的方针是战略转移，暂时撤离张家口。部分戏曲演员加入八路军的剧团随军撤离。郭兰英回忆说："我们要撤退，因为国民党要进去。等张家口撤退的时候，我就参加了革命。那时候我就很坚定，谁劝我也不听。"

当时她在同德戏院演山西梆子，经理、班主都是赵步桥。郭兰英不想干晋剧了，赵步桥坚决不肯让郭兰英离开。郭兰英已经被《白毛女》所召唤，决心再也不留在戏班了。每天演旧戏，"咿咿呀呀"的，她不喜欢了，一点都不喜欢了。对旧戏班，她感觉到没有任何一点值得留恋的地方。她坚决不演旧戏，不演才子佳人了，她要演新戏，演像"喜儿"这样的角色。

非常昂贵的整套行头，三箱子行头，三副头面面饰中一套是银子做的。郭兰英说不要就不要了。她说："全扔了，这都是我自己的。因为部队里头没有这个，也不演这个戏，我带着那个行军，人背着背包都是一个累赘，再带箱子根本不可能，所以全扔了，整个都扔了，不要了。"

没有办法说服郭兰英留下，赵步桥就问："你那么多东西怎么办？"

郭兰英说："不要了，都给你们吧。"

母亲刘福荣也不同意女儿的决定，她说："你去干什么？你是唱旧戏的，人家是演现代戏的。还有，你说话完全是山西的味，人家能听懂吗？"

郭兰英说："我慢慢儿就改了呗。"

刘福荣又说："革命队伍又爬山又走路，每天得要行军走路，你哪儿成啊？你又没有走过。我呢，我就更不行了，怎么办呢？”

不管母亲怎么劝说，郭兰英全然不听。她回忆说：“反正我这个人就是这样，我要是认准了，你再说我也不会听你的。没有办法，母亲只好跟着我，一块参加了革命。”[9]

何迟回忆说：

张家口撤退时，贾克同志先撤走了。临走时他对我说：“郭兰英是个人才，你撤退的时候，想办法把她带出去。出去之后，如果抗敌剧社不需要她，可以送到我那里去。”在张家口各个机关、学校、商店撤退时，我弄了一辆大车，让我母亲、两个兄弟媳妇、我三弟及他们的孩子都坐在这辆车上，准备撤到涞源。我叫赶车的把这辆车赶到同德戏院门口，到后台去找郭兰英。

当时剧团已经停止了演出，郭兰英在后台正抱着一个小孩逗着玩。我对她说：“现在张家口马上就要被国民党傅作义的军队占领，你演了那么多新戏，还留在同德戏院是很危险的！现在，大车就停在戏院门口，你和你母亲赶紧收拾一下，把被褥和换洗的衣裳打成行李，随我撤退。”

郭兰英当时还比较犹豫，我再三劝说，又帮她收拾东西，打好行李。我又说：“这时候不是你犹豫的时候，马上跟我走！”我扛起行李做出走的姿势。郭兰英马上向她母亲说明，动员她母亲一块走。就这样，母女俩随我一起上了车。[10]

郭兰英抱着的孩子很可能是郭凤英的儿子李学舜。很多年后，李学舜记得，兰英阿姨立即口头答应参军，就走了。郭凤英走不得，母亲桑氏、父亲郭变小都需要自己管。日军投降后，国共两方在张家口一带还有交战，郭凤英带着全家老小从张家口往宣化走，父亲郭变小不幸在途中去世了。

郭兰英从太原开始的“打戏”之路，走到这里，走到了尽头。

郭兰英自己的回忆是：她离开张家口找寻“白毛女”，这个消息传到了华北联合大学领导沙可夫、艾青那里，他们想：“这可不得了，郭兰英带着母亲找部队，她们不认识路，怎么办？”于是，派了何迟和贾克去找郭兰英和她的母亲。在离张家口不远的涞源，何迟与贾克把郭兰英娘俩找到了。

搭救郭兰英逃离张家口的何迟

何迟，原名赫裕昆，满族，1920 年出生于北京，1938 年赴延安报考抗日军政大学，是华北联合大学文工团团员、晋察冀军区抗敌剧社演员。

贾克，原名曾志开，1919 年出生在江西省南丰县，1938 年在延安鲁迅艺术学院戏剧系毕业，1939 年调晋察冀边区西北战地服务团任话剧、编剧组长。抗战胜利后赴张家口，任华北联合大学文艺学院讲师、旧剧联合会工作组长、文工团团长等职。

郭兰英回忆说：

当时国民党已经进到张家口了，因为部队撤出去以后，被敌人发现了，（国民党）就飞机扫射。

正好那个时候，我和妈妈与何迟、贾克接上了头。领导派的一头毛驴，赶的一个大车，我妈妈因为是小脚，走不动，坐在车上。我呢，就跟着部队走。

何迟、贾克说，把我们拉到解放区，我不干。既然参加革命嘛，就应该和同志们在一块儿行军走路。他们说："你走不了。我们每天走八十里路呢，你哪儿行？你不习惯，不行。"我说："我试一试，不行再说。"

我妈妈就坐着车，车上还拉着那些病号，还有枪支子弹什么的。走了八十里路，脚上就打泡了，我妈妈就哭着说："你看，你能跟人家比？人家走了多长时间，你刚出来，还逞能？"我还是决心走，第二天还是跟着部队走，很好，得到了领导的表扬。我这个人就是这样，下了决心一定要干，怎么你也说不服我，就这个脾气。

走到一个镇子，敌机发现了我们，就开始轰炸与扫射。正好一颗炸弹从上面掉下来，掉到我跟前儿。我自己认为我已经死了，当时就傻了，就闭着眼睛，坐在那里不敢动了。

旁边的同志看见了，他喊："快跑快跑！"

我已经傻了，说："炸弹！炸弹！"坐着不动了。

结果那个炸弹没炸，旁边的同志看着我，看着炸弹要炸没炸的时候，马上过来，拿起那个炸弹就往外扔，扔到好远的地方，结果也没炸。

原来我没死，我就活过来了。那个同志还把那个没炸的炸弹捡回来作为纪念。[11]

当时"喜儿"的主要演员之一孟于记得：撤出张家口之后的1946年，郭兰英和她母亲到的剧团，是由抗敌剧社两位同志护送来的。郭兰英被送来的时候，华北联合大学文工团团长周巍峙在，同时请示了华北联合大学校长成仿吾。贺敬之回忆说：

真正跟郭兰英接触多的是华北联合大学文工团的贾克同志。郭兰英那时候在张家口的旧戏园子，叫庆丰剧园。

年龄不大，唱山西梆子已经有名气了。但她有个契约还在人家老板手里头。

我们从延安到了张家口以后，抗敌剧社的同志就到旧剧院做工作，叫“旧戏改革”，这样发现了郭兰英，很同情她。这时候我看到她在台上演山西梆子，唱得非常之好。她也看了延安来的这些戏，特别看了《白毛女》。据贾克同志告诉我，她很感动。

另外，贾克也做了工作，特别是替她解除了和旧戏班老板的契约，实际上是卖身契。她想搞革命，在我们撤退的时候，她就到了我们文工团来了。[12]

郭兰英走了，走进了革命文艺队伍，旧艺人们有何感想？牛桂英回忆说：“郭兰英先走了一步，随人民解放军转移，参加了革命文艺队伍，改唱新歌剧。而我却没有把握时机，早投身革命行列。但是在张家口经过解放洪流的冲激，经过共产党的宣传教育，以及在党的怀抱里现实生活的体验和以往的痛苦感受，我的心灵受到很大的撞击，我开始在觉醒，在向往，但一时还处在朦胧状态之中。”[13]

郭兰英从此成了革命人，迎着“白毛女”的路走，她的人生展开了全新的一页。

【注释】

［1］郭兰英访谈，2017 年 6 月 21 日，中国音乐学院西楼 607 室。

［2］参阅《永远白毛女：红色经典的非凡传奇》，北京出版社 2016 年版，第 24~25 页。

［3］［12］贺敬之谈郭兰英，2017 年 6 月 12 日，北京木樨地寓所。

［4］《马可选集七・日记卷（上）》，人民音乐出版社 2017 年版，第 761 页。

［5］［7］［9］［11］郭兰英访谈，2017 年 4 月 29 日，中国音乐学院大学生活动中心。

［6］郭兰英：《革命艺术对我的影响》，载《中国戏剧》1962 年第 6 期。

［8］［13］赵志冲编：《牛桂英舞台生活回忆》，山西人民出版社 1993 年版，第 68 页。

［10］何迟口述，王天颐等记录整理：《何迟自传》，中国民间文艺出版社 1989 年版，第 170 页。

第六章

新戏首秀　叫响冀中

在河北束鹿小李庄，郭兰英径直走进镶牙馆，拔掉了金牙，抬脚就走，金牙套也不要了。牙医大惑不解，但郭兰英心里感到高兴，只有拔掉了金牙，才能演好农村妇女形象。

华北联合大学文工团年轻的编剧桑夫和年轻的作曲家刘铁山，合作完成了秧歌剧《王大娘赶集》。

《王大娘赶集》剧本

桑夫于 1922 年出生在山西临汾，15 岁参加八路军转战于太行山。1941 年到延安进入鲁迅艺术学院戏剧系深造。1946 年进华北联合大学文艺学院文工团工作。刘铁山于 1923 年出生，河北饶阳人，1937 年投身革命，也曾在延安鲁艺学习。《王大娘赶集》由桑夫亲自执导排演，郭兰英进入革命队伍后，首次登台了。

贺敬之回忆说：“从张家口撤出来，一路从河北这边过来，一直到了冀中，在这个过程中间，郭兰英很快地、非常聪明地学演新剧，就演一个秧歌剧《王大娘赶集》，一个很短小的剧，很受群众欢迎。”[1]

王大娘出场说明了背景：“土地改革来实行，又给俺分了四亩地。哟，看看这，光景可一天就比一天强。”

笔　者：这是您唱的第一个戏，是河北秧歌么？

郭兰英：不是，创作的。这个戏叫《王大娘赶集》，秧歌剧，有秧歌有戏，有晋剧的味道。我演的是玉池，是主要的角色。小秧歌剧也就半个小时。

笔　者：演这个戏，对您来说是不是轻而易举呢？

郭兰英：不是。那是参加革命以后第一次演小秧歌剧。那时候还没有开始演大戏呢，晋剧是另外一回事。我是参加革命以后才学的扭秧歌，原来不会。不过，这个戏不难，挺好演的，出来都是扭着秧歌出来的，“王大娘”也是一样。是自己排的，就是扭着唱。作曲都是临时写的。我们那个时候就是写了就演出，谁也不管谁，自己创作，没有什么定性的，适合于哪个地方的就是哪个地方的，这个是创作。

笔　者：这个生活您也很熟悉。

郭兰英：是。就是王大娘赶集，买东西，买了肥皂、花生、梨啊，枣啊，慰劳人民军队，就这么个故事。

笔　者：这个“玉池”也16岁，和您当时年纪差不多，是专门给您写的吗？

郭兰英：那时候文工团没有说给谁写，谁都可以唱。调不难唱，简单。

笔　者：当时演了多少场呢？

郭兰英：那我就记不清了，到哪儿需要的时候就演。反正是到了一个地方，演《兄妹开荒》《夫妻识字》《王大娘赶集》《一场虚惊》，就是这些小戏。老百姓围一圈，一百多两百多人，几十个人也演出，我们不讲究。那个时候，就是手抄本，谁唱给谁谱子。[2]

饰演王大娘的演员叫梁华群，饰演张老汉的叫邱玉璞，都比郭兰英大，但当时也都二十来岁。十七八岁的郭兰英扮

郭兰英练功照

演十六岁的玉池，出场第一段唱词是：“娘在门外喊一声，玉池急忙往前行，花布手巾头上裹，柳条篮子提手中，今天不到别处去，跟娘赶集走一程……”中国北方秧歌浑身自由舒展的扭动，加上郭兰英在戏班里学过的程式化表演，虽然我们无法亲见，但那种在获得土地之后农民的欢欣，通过唱词就能想象到当年土台子上的场景。

《王大娘赶集》的演出，大约在 1947 年底或者 1948 年初。《白毛女》的导演舒强说：“母女二人赶集中郭兰英同志所表演的舞蹈，也是到处都受到广大群众的热烈欢迎，几乎也是百看不厌、同声称好的。”[3]《郭兰英在小李庄》一文说：“郭兰英在剧中扮演大娘的女儿玉池，她在表演中巧妙地运用了大量的民间文艺表演形式，载歌载舞，满台生辉，把这个翻身后的农村姑娘热爱共产党、拥戴毛主席的真挚感情表现得淋漓尽致。每当晚上演出时，小李庄村南那座用土堆起的舞台上，棉籽油灯忽明忽暗，台下人山人海，连附近的房上树上都挤满观众。”[4]

郭兰英为什么初一登上革命宣传的舞台，就可以演得好呢？

首先，对于新生活，郭兰英有强烈的不同的感受，生活中她就能够体验到翻身少女“玉池” 内心的喜悦，然后将这种喜悦艺术地呈现在舞台上。舒强说：

> 《王大娘赶集》这个戏便是在冀中农村中排的，而

> 郭兰英等同志，他们便曾经在遍地道沟的冀中平原的农村中，和农民妇女们生活了相当长久，她们自己挑过水也下过地。而且，她自己原本就是个贫农的女儿，后来因家贫无法生活而去学旧剧的。这个戏，是她刚从受着多年压榨的、封建的旧戏班子里解放出来不久，参加革命的演剧队伍以后，受了些革命的教育，第一次演新歌剧。当时，她本身对革命，对党，对人民的军队，对新的社会，便有着一种很新鲜的感觉，怀着感激和热爱党的心情。应该说，当时她对于农民的思想和感情的体验并不是深刻的，但是，因为她本身具有着那种心情和情绪，对她所表演的角色——新解放后农民的情绪，是相当吻合，而且有绝大帮助的。[5]

其次，郭兰英有扎实的传统戏曲表演功底，可以巧妙使用传统戏对人物塑造的功力，调动自己的身体语汇。舒强说：

> 郭兰英同志，她原来是个有相当成就的唱山西梆子的旧艺人。从小就学习了很多中国旧的舞蹈，身体经过相当严格的旧剧舞蹈的训练，她在《王大娘赶集》的表演中，无疑地是吸取了很多旧剧舞蹈的长处，她不但能使唱与舞的节奏有机地结合，且舞时，“手眼身法步”也都能有机地配合成为完整的整体，这都是旧剧舞蹈的特点和优点。她都相当地能应用于其表演之中去。同时，

在她的每一个比较静止的姿态中，在她的四肢的调度、配合，以及完成一定形象的过程中，其身体能始终保持平衡和各部分的对称，有松弛而舒适之感。正因为她熟练地掌握了这些旧剧的舞蹈技术和形式，且能相当灵活地应用，所以，虽然同是一个动作，她做起来往往会更美些。[6]

再次，恰如其分的身体语汇的使用，充分而艺术地表达了剧中人物的特殊身份和感情。这也许是最重要的。舒强说：

在《王大娘赶集》的演出中，郭兰英同志的表演：她在走路时，步法和手势也不特别，也只仅仅是一个农村中活泼健康而聪敏愉快的女孩子走路的样子，可是她把生活中动作的节奏表现得更明确，而动作和姿态表现得更单纯。同时，她表现出了一个翻身的农民和土地的新的关系和态度，那愉快而健康的情绪，看到什么都是那么新鲜、亲切而愉快，仿佛那眼前已是个新的世界！而她那段最使人称赞的“雪白的棉花铺中开”和“英雄二字绣上边”那几段表演，在地位（位置）上变化也并不是很多的，动作上也不是手舞足蹈的。而主要是当她唱到“雪白的棉花铺中开”时，两手比划棉花的厚薄程度，我们从她那弹动的手势上，感觉到了那棉花的存在，而且又是多么柔软而温暖的棉花啊！从她对棉花的姿态中，感觉到她对解放军的衷心的感激和亲切的关怀。而当她唱到“英雄二字绣上边”的时候，她以简单的动作——一手指身前的空间，表示有一背心而已，可是从她的发亮的笑着的眼睛里，从她的态度里，我们不但看到那将是多么美丽的鲜艳的刺绣，而且看到她能为英雄们做衣裳，又是多么光荣而骄傲的心情。她对人民解放军的尊敬、热爱和感激的情绪是多么充沛。[7]

舒强于1915年出生，原来叫蒋树强，江苏南京人。早年在中国左翼戏剧家联盟南京分盟大众剧社、上海业余实验剧团担任演员。之后在上海抗敌救亡演剧队第四队任导演，

导演舒强给郭兰英说戏

又到重庆中国艺术剧社做演员。1944 年到延安鲁艺做了教员，参加了新歌剧《白毛女》的导演工作。这时是华北联合大学文艺学院戏剧系主任、华北大学文工团团长。他是郭兰英的上司、同事。在郭兰英心目中，他是“全国第一个好导演”，对演员要求特别严。

舒强几乎把郭兰英在《王大娘赶集》中的表演说得完美无缺了，但是，他还是点出了一些问题。他说：

> 郭兰英同志在《王大娘赶集》中所表演得好虽好，但形式仍感到有些旧，甚至不少地方也硬搬了一些旧剧的动作。这也就说明了她还缺少批判地接受遗产的能力。同时也有人觉得她表演的形象和情绪，还不够农民那样健康，这也正说明了她对农民的生活和思想情感的体验，仍有很不足的地方。还有人感觉到她近年来所表演的这些戏，不但在情绪上不够饱满，且有单纯在形式和技巧上显示的地方。这也正说明了，她在创作方法和文艺思想上，还需要努力学习。[8]

这些话应该是恳切的。舒强如此认真分析郭兰英表演艺术的得失，首先比传统戏曲班社里的师父表达得更准确、明了，对郭兰英之后的艺术创造会有诸多启示。

其实，对郭兰英来说，《王大娘赶集》中的“玉池”仅仅是个预演，真正的大戏，马上开始了！

【注释】

［1］贺敬之谈郭兰英，2017 年 6 月 12 日，北京木樨地寓所。

［2］郭兰英访谈，2017 年 9 月 21 日，中国音乐学院西楼 607 室。

［3］舒强：《新歌剧表演的初步探索》，新文艺出版社 1952 年版，第 51 页。

［4］张诚：《郭兰英在小李庄》，载《文化月刊》1999 年第 6 期。

［5］舒强：《新歌剧表演的初步探索》，新文艺出版社 1952 年版，第 53~54 页。

［6］舒强：《新歌剧表演的初步探索》，新文艺出版社 1952 年版，第 62 页。

［7］舒强：《新歌剧表演的初步探索》，新文艺出版社 1952 年版，第 58~59 页。

［8］舒强：《新歌剧表演的初步探索》，新文艺出版社 1952 年版，第 65 页。

第七章

救场失控　一跪成名

在华北联合大学一年多的学习时间里，郭兰英魂牵梦绕的《白毛女》有时候会演出。在老解放区，郭兰英上课的时间更多，演戏比较少。但凡演出《白毛女》，郭兰英就跟着剧组，一边负责点杂务，一边在乐队里顶个数。她回忆说：

> 我又管服装，又管道具。不过，也没有多少服装。就跟老百姓借，把我们军服给人家穿，老百姓还不干，人家就那么一件衣服，你再拿走了还行？
>
> 实在话，穿完以后，咱们再把军服拿回来穿在身上，说不定里头就有虱子、虮子了。但是没办法，那个时候只能借。
>
> 服装办妥了，我还管打击乐器，还得看戏。
>
> 我的表现不错，挺好的。[1]

郭兰英说："那时候，学会了乐器，拉二胡、板胡。不过，我板胡拉不好，因为那个弦绷得太紧了，不好学。我就拉二胡，打梆子，锣、鼓、镲这都得要会，文工团嘛，缺什么顶什么。”就这样，郭兰英把《白毛女》看会了，每句唱，每句台词，每个动作。她甚至想，如果自己上台演，应该如何……

1947 年 11 月 12 日，人民解放军攻克石门，石家庄解放了。在小李庄扭了一段秧歌之后，郭兰英随军进了城。在石家庄，华北联合大学文工团把一台《白毛女》奉献给石家庄市民。

孟于记得《白毛女》停了一段时间，大家演第二部歌剧《血泪仇》。1947 年是第二次复排《白毛女》，并进行了一些修改。

笔　者： 改动大不大？

孟　于： 就是喜儿的幻想没有了。原来有一段幻想，幻想与黄世仁结婚了。她想：“黄世仁是不是要娶我了？”后来经过领导审查，出于对人物的性格、形象的考虑，去掉了。喜儿之所以跑到山上，她不是觉悟很高的人，就是要给爸爸报仇，是一个很单纯的人物。“我活着就是为了报仇。”这是很单纯的。领导说这个幻想不是很好，对人物起了破坏作用。

孟于

演出《白毛女》的孟于

笔　者：在延安、张家口都有这段幻想？是第几幕？

孟　于：第三幕。就是黄世仁娶媳妇的时候，喜儿想：“他曾经说要娶我，是不是要娶我了？”没有唱，就是道白。这时候就去掉了。另外，记得还有个“小白毛”，“白毛女”生的孩子，一直带着。“太阳出来了，呦吼咦呦……”大春把喜儿从山洞里救出来，还有这个小孩。小孩（几乎）没有台词，台词就是叫“妈妈”。[2]

有一次，已经登报做了广告，要演出几场《白毛女》，群众非常期待。临到演出，扮演喜儿的两个演员，王昆和孟于都上不了场。郭兰英回忆说：

本来两个演员倒替着演，结果一个演员病了，王昆吧，怀着（胎）七月，要生孩子了；另外一个演员临时出去没回来。海报登出去了，没办法，领导挺着急的。“怎么办？改期吧？”

正在他们研究的时候，我就在外边报告，说："团长，我愿意演出！"

团长和导演说："你演出，你什么时候学会的？"

我说："我在前台搞打击乐，都看会了。要不然，我演一下，你们看一看？"

在食堂里头弄了个空场，我就给他们演了"北风吹"那一场。一演，一点儿都不错。领导就决定让我演了。[3]

真正上了舞台，郭兰英的戏确实非常精彩。可是，到了最后"斗争会"，她的情绪完全不由自己控制，哭得稀里哗啦，演出无法正常进行下去。她回忆说：

一开"斗争会"，我想起"斗"我师娘的情景。一想到我师娘，我就唱不下去了，就哭啊哭的。乐队有时候拉一下，有时候就停下来等我，不知道该怎么办。

导演着急了，他特别着急，说："兰英同志，兰英同志，这是演戏！"但是我止不住，怎么也演不下去了，哭得怎么也唱不出来了。导演没办法了，指挥合唱队一起唱，斗争黄世仁，喊口号，完了，我就下来了。

下来之后，我趴在桌上还哭，导演过来说："别哭了，别哭了。"

《白毛女》第一次演出，就闹了这么一场。[4]

虽然还有几句唱没有完成，但是郭兰英演喜儿的潜在能力终于释放了出来，所有人都看在眼里。于是，她理所当然地成了又一个“喜儿”。郭兰英回忆说：

我这人有个最大的特点，也是致命的缺点，就是倔，很倔。有的事情我接受不了的话，绝对不接受，不干。而我好的一点是，特别聪明。第一次演《白毛女》，导演就肯定了，可以演。只是每一次演到“斗争会”，就老想哭。

所以，每次到“斗争会”的时候，大伙儿就启发我，合唱，说：“喜儿，咱们一定要斗争！”很多群众的戏也加进来，这样就好一些。

第一次演出得到了领导的肯定，然后就加上了我，A、B、C 三个“喜儿”，我是 C。[5]

最好年华的三个“喜儿”，从左到右：郭兰英、王昆、孟于

三个“喜儿”，王昆是A角，孟于是B角，郭兰英是C角。孟于记得，“一般是今天她演明天我演，重要的演出是王昆去演”。孟于印象中，郭兰英性格开朗，非常好，她不仅能喝酒，爱喝酒，而且还能喝很多。做了C角，郭兰英也心直口快，开玩笑说：“我原来就是‘头牌’了，为什么演《白毛女》排在老三啊？”

听罢，大伙儿都乐了，因为在革命队伍中，“头牌”早已经不是褒义词了。

演出没有像样的舞台，随便一个广场上，找一个略高出地面的土台子，就可以表演。郭兰英说：“到哪里演出，拿土垫起来半米高的一个舞台，就等于这样跟老百姓近距离地演出，所以老百姓看得清清楚楚。”

《白毛女》演出时间相当长。郭兰英记得：“下部队去演出的时候，从天黑一直演到第二天太阳出来，真是太阳出来的，五个小时嘛。这么长时间，观众都坐在地下不走。”

有一场戏，郭兰英说，起码得演四十分钟。这场戏里，“还要生‘小白毛’，山洞里头还要喂奶啊；没有奶，吃雪，把那个雪抓起来，塞到嘴里头，把雪融化了以后喂‘小白毛’”。

革命文艺舞台锤炼了郭兰英，给了郭兰英艺术以新的生命，但是，郭兰英又把传统戏曲基础巧妙地融会在革命舞台上，使之服务于新的歌剧艺术。

郭兰英回忆说：

> 我脑子里想的，就是怎么能把戏曲的动作用到歌剧里边，但是又让人家看不出来你是戏曲里边的，目的要做到非常感人。
>
> 比如，唱“北风吹，雪花飘”，开门、关门的动作，就把戏曲当中能够用的动作都加到里头。农村的门就这么大，你超过了这个，就假了。
>
> 还有戏曲跑圆场。在“逃走”一场戏里，黄世仁和穆仁智追，我就跑圆场。但也不像戏曲里面的圆场，一边害怕，一边看着后面，怕追来，然后往前跑。导演肯定了我，我自己做得也挺舒服，所以就确定下来了。
>
> 喜儿被黄世仁侮辱以后，有一场戏叫“黑虎堂”。一开始，导演排的是：出来以后，在那里哭啊，埋怨啊，“娘生我，爹养我，生我养我为什么？”站着唱，唱着唱着“娘生我啊”，我这腿就想跪下来，“生我……”一下就跪下去了，“生我养我为什么”，拍着腿就在那里哭。整个乐队拖得也太长，然后，“这，这”，又自然而然地站起来，“这叫我怎么有脸去见人？”“这叫我怎么……”一跺脚这个动作，原来是没有的，这都是戏曲的动作，我拿到这儿。[6]

就这一跪，给人印象深刻。大家把这些手法归纳为郭兰英舞台艺术实践中的独特创造。孟于回忆说：“郭兰英同志在演出当中，她有创造。她不一定按导演要求的做，她到台上能够自由发挥。特别是《白毛女》第二幕，黄世仁强奸了喜儿出来以后，我们都没有跪在地上唱的，她那天唱这一段的时候，唱到最后‘爹啊，娘啊’，就一下子跪在了台上。当时大家都很惊讶，但被她带进了戏里。后来导演也同意了。”

虽说是三个人演，但“喜儿”只能是一个。在贺敬之看来，三个演员基本的东西是一致的，就是都身为革命文艺

1948 年，华北文工团在太原、石家庄等地演出，前排左二为郭兰英

工作者，内容第一，认真塑造形象，不是演自己。

虽说是一个“喜儿”，但表演又有不同。贺敬之说，郭兰英很自然地运用了戏曲的表演程式，但又不是生搬硬套。如果完全像最早排《白毛女》一样，彻底恢复旧戏中花旦的表演，那绝对没有郭兰英。贺敬之说：

> 郭兰英给我第一个艺术印象，就是演到“黑虎堂”，出来唱“娘生我，爹养我，生我养我为什么？”声音高亢，充满了感情和激情。演到这里，她突然跪下了。这是原来没有的，延安时期演出没有，后来王昆演出也没有这个。这就是郭兰英自己的风格。
>
> 另外，作为艺术家，她充满激情，非常动人。她的唱腔、发声、声音表情，都有自己的特点，有自己的风格。除去她聪明，肯学习，以及过去戏曲的功底外，就是她一直追求革命，是有革命情绪、革命热情的。她没有走邪路、弯路，是名副其实的新歌剧艺术家。要演革命的艺术，必须自己是一个真正的革命者！[7]

舒强在延安就开始执导《白毛女》，这时又是文工团团长、导演。面对新人郭兰英，如何把这个“喜儿”打造好，舒强发挥了自己的优势。

舒强在重庆搞过话剧，还钻研俄国导演斯坦尼斯拉夫斯基的戏剧理论。他和郭兰英是两种舞台呈现的思路。斯坦尼斯拉夫斯基的理论基础是强调“体验派”：“要学习、观察、倾听、热爱生活。”演出应该深入研究人物形象的生活逻辑。而郭兰英所受的戏剧教育中，一切都是规定好的，即程式化的一套。那一个时代的革命者，不少人还没有细细研究传统戏曲的美妙，首先是扬弃其视觉上较为陈腐的一部分。

在扬弃和吸收之间，郭兰英自如运用程式化和舒强的“斯坦尼”一结合，就有了一个完美的“喜儿”！郭兰英说：“舒强同志对我帮助太大了，他强调从人物出发，说‘你不要演戏’。”本来就是演戏，为什么又说“不要演戏”呢？这就是“斯坦尼”理论。舒强启发郭兰英“创造人物”。郭兰英回忆说：

我从舒强那儿有一个最大的体会，演戏要从人物内在灵魂出发。

他说，是你演人物，你就要把那个真实的形象演出来。我跟他说：“舒强同志，是不是从人的灵魂出发？”他说：“好，好。

郭兰英饰演喜儿，前民饰演杨白劳

你自己演唱要从内在心灵出发，这就对了。”[8]

舒强用“斯坦尼”理论来说服郭兰英，要求从“喜儿”这个人物的感情出发，不能是郭兰英本人，如果演郭兰英，永远演不好。他说：“你就把郭兰英当成当时的喜儿，你怎么处理，这不就很具体了么？”郭兰英这下明白导演的要求了，她说：

> 整个《白毛女》，喜儿一开始是十七岁的小姑娘。到了地主家里头，又高了一层，年岁又长了，我把她处理得大了两岁，更成熟些。成天地挨骂挨打，就逐渐成熟了。
>
> 最后，逃出黄家，在山洞里，就已经是什么都懂的中年人了。想到这些，在表演处理上，再往里头一点一点深入。根据自己的声音，把自己的声音修理一下。
>
> 舒强同志老说：“你自己体会，你演的这个角色是什么样的人？你应该怎么样来演这个角色？”听他讲课，听他在排演场上给你分析，特别有收获。
>
> 上了舞台，脑子里头整个思维就投入到这个人物当中了，你就是这个人物，不是你郭兰英。如果一上去，让观众都喜欢我唱，完蛋，肯定就完蛋！[9]

郭兰英至今都觉得她不能把舒强的分析说清楚，但她

《白毛女》，郭兰英饰喜儿、李波饰黄母、陈强饰黄世仁

可以体会到，能够感悟到导演的意图。一举一动，都根据人物心得来表演。比如《白毛女》“跪”的动作，郭兰英事先不仅没有设计，也没有想过。她说：“确实是感情达到了一定的程度，我自然而然地就跪下去了。”

笔　者：提前没想过？

郭兰英：没有。一点儿都没有想，就是那次进入角色，不是第一次演，演了好多场了。原来都没有跪。

笔　者：大家都觉得震动很大？

郭兰英：跪下去唱完以后，噢，知道了，我怎么跪下去了？后来自然而然地边唱“这叫我怎么……”边往起来站；

起来了，继续唱：“……活？”

笔　者：自然而然地起来了，不露痕迹？

郭兰英：嗯，很自然。唱“娘生我，爹养我”跪下，因为拖得很长，很适合当时喜儿的状况和环境，还有心里头的矛盾状态。你说跪下去了怎么起来？这个时候我倒没怎么想怎么起来，也是很自然地就起来了。“这，这，这叫我怎么有脸去见人？”然后，唱“这叫我……”一下站起来了，“……怎么活”，趴到桌子上。

1977 年，郭兰英饰演喜儿

郭兰英提心吊胆从台上下来，以为团长、导演舒强要批评她，骂她："你怎么就跪下去了呢？"结果，舒强说："好！好！处理得非常好！"

为什么好？就是两种理论有机地融合在了一起，创造了新的惊喜。

很多年后，郭兰英说：

> 演员在舞台上不能有"在演戏"的感觉，要表现出"我就是这个人物"。比如我在演唱《刀杀我斧砍我》时，我就是那个羞愧难当、悲愤不已的"喜儿"，在演出时不由自主地"扑通"一声跪倒在地，双手搓腿，声泪俱下。虽然这不是设计好的动作，但因为是"喜儿"的，所以得到了大家的认可，其他演员在之后表演到这里时也都保留了这些动作，演出效果很好。演员要跟角色融为一体，但角色的经历演员并不一定都能有，这时就要求演员学会"移情"，通过联想自身与角色相似的经历，调动情感，帮助自己进入角色。在全身心投入的同时，演员还要注意不能情绪失控到影响演唱，这是一个"度"的问题，也有一定的演唱、表演技巧。[10]

【注释】

［1］［3］［4］［5］［6］郭兰英访谈，2017年4月29日，中国音乐学院大学生活动中心。

［2］孟于谈郭兰英，2017年2月20日，北京和平家园寓所。

［7］贺敬之谈郭兰英，2017年6月12日，北京木樨地寓所。

［8］［9］郭兰英访谈，2017年9月21日，中国音乐学院西楼607室。

［10］2017年5月10日《中国文化报》。

第八章

唱响世界『土派』代表

唱着《白毛女》进了北平，郭兰英和她的伙伴们要代表即将成立的新中国参加“世界青年联欢节”。在郭兰英乘坐的开往国外的列车上，阮章竞是“中国民主青年文工团”创作员。1914年出生在广东的阮章竞，抗战期间到了太行山，深受山西民间音乐尤其是辽州小调的影响，创作了不少优秀作品。在八路军太行山剧团团长和太行文联戏剧部长的位置上，他努力吸收民间养分，完成了大型歌剧《赤叶河》。

郭兰英的伯乐之一：周巍峙

在列车上，周巍峙把阮章竞找来，给郭兰英准备参加“世界青年联欢节”的作品。阮章竞像过去一样，请郭兰英把她自己熟悉的民间曲调唱出来，于是郭兰英把很多年里听母亲或者村里其他人演唱的秧歌小调，唱了几段：

家住（儿就）在太谷（儿

就）城，鼓楼（楼楼楼楼）东（嘞）有家门，小奴家的名儿叫怀田秀英，（吼嗨呀）苦命命（得外）人。[1]

家住在文水半山坡（得儿坡坡）上，小奴家的名儿（名）叫（一怀）翠兰（兰兰兰）花。[2]

家住汾阳住城(儿就)南，离城二十里地(就)有家园，小奴家（的就）名儿俺们叫（怀）程秀（秀秀秀秀）兰，外号儿(呀就)唤(呀嘿)俺们(一怀)毛毛毛毛旦。(嘞门儿吆）外号儿唤成俺们（一怀）毛毛（得儿）旦。[3]

奴家（的在）心（吼）好命不（就咦门）好，（么的哼嗨）每日（那就）起来把菜挑，今打（就）早（么那就）起来（来）的早，（呵呵呵）梳一梳（这）头来奴缠一缠（就）脚。手提上篮篮（这）往外跑，（嗨嘞哼嗨）急慌忙扭回身来把门子锁好。[4]

根据这些曲调，阮章竞和周巍峙商量，完成了《妇女自由歌》的填词工作。郭兰英说：“四个曲调不是他们选的。在火车上没法作曲，来不及了，就跟我商量，干脆你唱民歌。想了一下，我张嘴就来。后来阮章竞他们就根据这个写了《妇女自由歌》。大概写了那么一天，因为从北京到满洲里得一个礼拜，可能就是一天的时间吧。弄完了以后就让我唱，我就唱。”[5]

一开始的两段，是《苦伶仃》调：“旧社会好比是黑格洞洞的苦井万丈深，井底下压着咱们老百姓，妇女在最底层；

郭兰英灌制的第一张唱片——《妇女自由歌》

看不见那太阳看不见天，数不清的日月数不尽的年，做不完的牛马受不尽的苦，谁来搭救咱？”

接着变到了《割莜麦》调：“多少年来多少代，盼的那个铁树就把花开。共产党，毛泽东，他领导咱全中国走向光明，他领导咱全中国走向光明。”

然后转为《卖烧土》调，唱两段：“中国人民大解放，受苦的老百姓见了太阳。土地改革闹翻身，砸开了封建的老铁门，砸开了封建的老铁门。从前的妇女关进阎王殿，今天打断了铁锁链。妇女都成了自由的人，国家大事咱也能管，国家大事咱也能管。”

最后换成《大挑菜》调：“翻身不能翻一半，彻底解放闹生产。铲除老蒋反动派，前方后方一齐干。努力生产莫消闲，个个都要加油干，建设咱们新的中国万万年，建设咱们新的中国万万年！”

郭兰英和阮章竞非常熟悉，在不满二十岁的郭兰英眼里，阮章竞是专家。她说：“小时候听村里人家唱的，大家都会唱。过去唱秧歌的都是男的，没有女的。根据这四个秧歌调，我在那儿唱，作曲的记下来了，让把那个词填上。”

到达布达佩斯是什么情景呢？《王昆评传》有这样一段描写：

> 第二届世界青年联欢节开幕日，布达佩斯全城披上了盛装，到处是呼吁和平、友谊的彩色招贴画，到处是迎风飘扬的彩旗。人们穿着节日盛装涌上街头。
>
> 鼓声嘭嘭，钹声锵锵，唢呐吹起欢乐的中国民间乐曲。中国青年文工团的队伍过来了。
>
> 男演员头扎“英雄结”，身着白缎镶边的上下装，足下是“武士靴”，敞开胸口，露出绣花大红兜肚，腰系垂穗宽腰带。他们扭起秧歌，打起腰鼓。缓行的平板车上是威武的、震天地响彻四方的战鼓(还是缩小了的)。
>
> 女演员们穿戴得更鲜亮，她们不少人挥舞起铜钹，以秧歌步伐前进。
>
> 这是个集三大舞优长于一体的新节目。王昆、郭兰英、孟于、仲伟、孙琤等都在这个节目中，又是群舞演员。
>
> 布达佩斯人第一次看到这样英姿勃勃的中国人的队伍，因为在他们的印象中，男人脑后拖着辫子，女人缠着小脚——这才是中国人，老大贫弱。他们没有错，一百年前中国人是那个样子；他们也错了，如今的中国人当另眼看待了。[6]

郭兰英带着《妇女自由歌》，王昆带着陕北民歌《歌唱毛泽东》，而《白毛女》中饰演黄世仁母亲的歌唱家李波带着《翻身道情》一起参加了联欢节的声乐比赛。李波获得二等奖，郭兰英获得三等奖。郭兰英的奖项比李波低一点，主要因为《翻身道情》开嗓第一声“太阳一出来呀哎咳哎咳哎咳哎咳哎咳哎咳哎咳哎咳哎咳咳咳咳，满山红哎哎咳哎咳呀，共产党救咱翻了呦嗬身哎咳呀……”那个拖腔，有起伏，更高亢有力、震撼人心！相比来说，《妇女自由歌》就略感平淡。拿来比赛，《翻身道情》更具优势。

中国的两个舞蹈节目《大秧歌舞》和《胜利鼓舞》得了一等奖。当然，一等奖也有郭兰英的份儿，因为在节目中，男同志打腰鼓，女同志拍镲。孟于说：“秧歌舞，穿着红缎子的衣服，绿缎子的裤子，特别土。我们女的打大镲。”

1949年，在匈牙利布达佩斯广场上表演《胜利鼓舞》，
前排右四为郭兰英

郭兰英是拍镲演员之一。所以，也可以说，第一次出国，郭兰英取得“一金一铜”的好成绩，真的扬眉又吐气!

胜利结束了匈牙利的任务，中国民主青年文工团沉浸在欢乐中。返程要路过苏联，团员们就又嚷嚷开了：“过去，我们都在山沟里，乍一出来，外面的世界还真精彩。而我们接触世界文化的机会很少，现在特别需要了解世界，尤其是向苏联学习。应该让我们看看各国人民的舞蹈作品，特别是更应该看看苏联的舞蹈。”

因为大家一致呼吁和要求，于是就向中央提出申请。中央批准了队伍在苏联停留一个月（从 1949 年 8 月下旬到 9 月下旬），然后返回要坐七夜八天的火车。郭兰英和战友们回到北京，恰好是 9 月 30 号。团长李伯钊告诉大家：“中央决定，让我们参加 10 月 1 日在天安门的开国大典！”

听了这个消息，大家高兴得不得了，蹦啊跳啊，抒发不尽的欢愉。参加开国大典，郭兰英和青年文工团的成员们在靠近中山公园的观礼台上，打着团标，“中国民主青年代表团”。字和图案全是手工绣上去的，在黄颜色的缎子上面绣着红颜色的字，旁边还有很多飞天、花卉，寓意百花齐放。

新中国成立前，从“国统区”来的、比较多地有机会接触西方声乐理论与实践的专家，与从延安来的、比较多地接触了民间传统声乐的实践者们，就以《新音乐》为阵地，开始了“洋唱法”和“土嗓子”谁更科学、谁更应该成为新中国声乐发展方向的论争。随着郭兰英和《白毛女》有更多机会在舞台上呈现，这种争论也逐渐加剧，在《文艺报》《音乐评论》继续摆开“战场”，互不服气。《白毛女》中，中西唱法的矛盾，激发了学界关于“土洋”争论的兴趣。但郭兰英确实唱得无可挑剔，而且所到之处无不受到热烈的欢迎。这时候的郭兰英，也便成了“土派”最可以拿得出手的一张王牌。

“土派”的观点认为，《白毛女》演唱中最好不要用西洋唱法的假声而使用中国传统唱法的真声，否则听起来感到不亲切；同时有人主张乐队中应取消使用大提琴和钢琴，减少小提琴的编配而加用口琴。[7]但更多的人不这样认为，代表性的观点是：

郭兰英（前排左一）随同代表团在莫斯科留影

中国从来没有一种练嗓子的方法（对着墙去喊，到野外去喊，拿胡琴硬吊，都不是很好的方法）。西洋的视唱练耳和练声的方法的确是科学的。嗓子练得不好容易受伤，而且声音不准。练得得法便非但不会受伤，声音准确，而且唱起来不容易累，运用自如，悦耳好听。

我在戏班里混了二十年，登台演唱十五年，学过皮黄、昆曲、湘戏、桂戏，我至今还没有发现练嗓子有一种能称为“方法”的东西。在许多所谓方法之中，只有就着胡琴用一段一段戏去吊嗓子比较自然一点，其余都是瞎说。[8]

欧阳予倩可不是一般的人，1889 年出生在湖南，留学日本，擅演京剧，与梅兰芳并称“北梅南欧”，1950 年任中央戏剧学院的院长。郭兰英只是学院下属实验歌剧团的演员。

不过，周巍峙是非常赞赏郭兰英的。他说：

有的人强调西洋练声方法完全科学，表现力强，学会这一套，唱什么都可以了；而中国根本就没有什么练声方法，没有什么唱法，如有的话，那也是不科学的“土唱法”，是没有前途的。这种看法一方面把中国旧剧界许多名艺人演唱的成功，看成是少数天才的偶然的幸运，而不是根据一定的演唱方法，多年“苦练”的结果，更是全盘否定了中国各民族民歌手丰富多样、优美动听的民间唱法；另一方面，又是把练唱的过程，简单地看作

> 是练声、发音与“视唱”，只要声音唱准，声音“好听”就行，而不了解声音准确，声音好听并不是最终的目的，而是要用这种经过训练的声音，来表达“唱（曲调）词（语言）”中所体现的思想情感与语言特色。[9]

在新文艺工作者中，郭兰英的“土唱法”极具代表性。在争论开始前的两三年，周巍峙就和郭兰英具体地探讨过唱法问题。1950 年 4 月 13 日，他又专门请郭兰英作为“中心发言人”在北京市各文工团音乐部门负责干部及声乐专家座谈会上，详细谈了“山西梆子的练声方法和演唱经验”，希图从中得到关于“中国唱法”的思考。

在介绍了自己从小受到的练声训练之后，郭兰英还侧重谈了“怎样运用各种声音，来表示喜、怒、哀、乐等不同情绪”。她说：“这方面师父并没有从分析感情着手来启发我们，只是很形式地说这里该哭，那里该笑。主要还是靠自己去揣摩，

1949 年 10 月，华大三部文工团把秧歌扭到天安门

去体会，去创造。”

郭兰英拿《大登殿》为例说：

> 表现喜的一句，（唱：“用目观……看……”）就是用细美的声音，在“观”处拐个弯儿来表达喜的情绪。表现怒时出气较慢，嗓子压下去一点，发出的音比较有力（唱《王宝钏》中一段）。哀，常用低沉的声音，有时带几分颤抖（唱）。乐与喜又略有不同，带着几分轻巧（唱《打金枝》中一段）。要再分细微些，哭又有几种不同性质，不同身份者的哭法。比如花旦哭得就比较轻而脆。有悲哀的哭、单纯的哭、愤恨的哭，等等。（唱《火焰驹》中一段滚板，另唱“我好命苦也”几遍，表现不同程度的悲哀。）[10]

传统戏曲更强调咬字，晋剧主要是通过道白来学习咬字的。旧戏咬字十分注意，“唱戏唱戏”，不但用嗓子，更要唱清字。郭兰英说，如果唱戏而唱不清楚字句，就根本不能满足观众要求。不管嗓子怎么哑，声音有什么缺点，字咬清了，观众还是欢迎。声音虽美，而咬字含糊，一旦嗓子沙了，你就准会“丢了饭碗”。咬字要恰到好处，有时太过分，咬“劈”了就像“吃栗子皮”了，不像原来的字了。

> 根据子音母音的性质，咬字的部位不同，可分唇边

声、牙根声、嘴里声、舌尖声、圆气声……如“片”是唇边声，“四”“妻离子散”是牙根音，须舌与牙根使劲。“无”“我”是圆气声，“臣”是嘘出音，“人”是卷舌音……练道白时一个个字清楚地咬，要咬“烂”了才好。比如“天”，须分解成“替——安——”，慢慢吐出才叫作“烂”了。另须注意的是，字音出来后，须有“回音”，即字尾的波动。这“回音”，有时是根据字音的上下趋势，例如“水”即往上回。有时也可违背语言的自然规律，根据情绪的需要，而加以夸张的。例如“杀”是平声，可是为了加以强调，可以用回音使之曲折有力。[11]

郭兰英为了说明咬字的重要性，即兴演唱道：“我好比仙女下凡尘，她好比，八月十五圆那么圆又圆，我好比那二十四五乌云遮月遮了那么半片儿，她好比牡丹花开得一朵红那花绿叶香又香，我好比千年古树死在头上少枝无叶干又干。”

她的唱，大家都听得明白，周巍峙说“自然、有力、美丽动听”。进而总结听郭兰英报告的心得，周巍峙得到的结论是：

可以肯定地说，山西梆子的唱法，基本上是科学的，并有一定的训练步骤。这些经验，也已经过名艺人的初步的集中与整理，成为许多人通用的方法，并不是仅仅“喊喊嗓子”“吊吊嗓子”而已（在别的戏剧唱法中，也有和这些特点相类似的）。特别是在演唱时，强调要求正确有力地表现语言特点（要求把字“咬烂”而又反对“咬劈”），注意声音的装饰，语言是表达歌唱感情的重要手段，强调各种情感的表现方法，这就使山西梆子等地方戏曲剧的“练声”与演唱带有很浓厚的民族色彩。这是声乐问题中基本的要求。没有这些，就谈不上声乐艺术；一个人的“好嗓子”，就变成了一个毫无灵魂的“传声筒”，一个很好的乐器而已。[12]

郭兰英与国际友人合影

郭兰英的学艺经历有力地支持了周巍峙的观点。周巍峙自信地说：“中国民族在声乐的领域里，确是蕴藏了许多宝贵的遗产，需要我们努力去挖掘、整理、研究，加以发扬与提高，以做建立新中国声乐系统的强固基础。”[13]

【注释】

［1］《苦伶仃》，又名《小上坟》，见王效端演唱，杨承迁记谱《太谷秧歌音乐集》，太谷县文化馆2004年内部印行，第74页。

［2］《割莜麦》，见王效端演唱，杨承迁记谱《太谷秧歌音乐集》，太谷县文化馆 2004 年内部印行，第 118 页。

［3］《卖烧土》，又名《吃招待》，见王效端演唱，杨承迁记谱《太谷秧歌音乐集》，太谷县文化馆 2004 年内部印行，第 79 页。

［4］《大挑菜》，见王效端演唱，杨承迁记谱《太谷秧歌音乐集》，太谷县文化馆 2004 年内部印行，第 161 页。

［5］郭兰英课堂实录，2017 年 6 月 24 日，中国音乐学院。

［6］程云:《王昆评传》，中国电影出版社 1997 年版，第 158~159 页。

［7］参阅冯长春《历史的批判与批判的历史》，文化艺术出版社 2012 年版。

［8］欧阳予倩:《再谈唱工》，载《文艺报》1950 年第 3 期。转引自冯长春《历史的批判与批判的历史》，文化艺术出版社 2012 年版，第 378 页。

［9］周巍峙:《努力发展新的中国民族唱法》，原载 1950 年 4 月 25 日《文艺报》，转引自《年方九十——周巍峙文集（1）》，中国文联出版社 2006 年版，第 183 页。

［10］郭兰英:《从山西梆子看传统的中国唱法》，见中国戏剧家协会编《新歌剧问题讨论集》，中国戏剧出版社 1958 年版，第 438 页。

［11］郭兰英:《从山西梆子看传统的中国唱法》，见中国戏剧家协会编《新歌剧问题讨论集》，中国戏剧出版社 1958 年版，第 438~439 页。

［12］周巍峙:《努力发展新的中国民族唱法》，原载 1950 年 4 月 25 日《文艺报》，转引自《年方九十——周巍峙文集（1）》，中国文联出版社 2006 年版，第 184~185 页。

［13］周巍峙:《努力发展新的中国民族唱法》，原载 1950 年 4 月 25 日《文艺报》，转引自《年方九十——周巍峙文集（1）》，中国文联出版社 2006 年版，第 185 页。

第九章

太行少女　再成经典

《白毛女》是太行山的故事，采用北方民间音乐曲调完成作曲。郭兰英在《白毛女》中释放出来的能力，让作曲家马可和导演舒强欣喜。他们私下盘算，继续为郭兰英创作新的剧本，不仅适合郭兰英表演，而且能激发起郭兰英创造角色的欲望，激发起观众新的审美渴望，为中国新歌剧创造新的奇迹。

马可究竟读了多少本小说才选中《小二黑结婚》的呢？

《小二黑结婚》的女主角“小芹”，最适合郭兰英来演。年纪相仿，形象相仿，气质相仿，仿佛“小芹”就是照着郭兰英的模样写的。而“小芹”所熟悉的民间曲调，郭兰英都会很快掌握。再说，这个小说所体现出来的“轻松愉快”，一反《白毛女》的沉重压抑，给观众以新鲜感。所以，马可在河南青年杨兰春进入中央戏剧学院的第二年，就给杨兰春和田川布置任务：“你们一起创作歌剧《小二黑结婚》的剧本。”

杨兰春出生在河南省武安县，后来这个县划归河北（今河北省武安市）。从武安县西北最边远的村“盘根”北上“九

《小二黑结婚》剧照

里十八盘”太行山路，就是山西省左权县的“盘垴”村。这条山路是挂在山崖上的路，所以，两村直线距离更短。从盘垴再向西走，就是羊角古镇，镇门上石刻四个字：“东接豫省”。

因此，杨兰春的家乡武安县和“小芹”“小二黑”的家乡左权县，虽属两省，实际是邻居。左权县地处太行高处，历史上人口不甚稠密，所以，河南、河北发生水患等自然灾害时，深邃的太行山就成了灾民的避难所。左权县定居的人口中，半数来自河南、河北。“小芹”“小二黑”生活的村庄，靠近武安，“小芹”本身也是生在武安，后来随父亲逃荒上的太行山。

所以，杨兰春改编《小二黑结婚》，用马可的话说，要的就是生活和民间的味道。杨兰春给田川唱了很多民间小戏，其中武安平调《站花墙》就引出了《小二黑结婚》的一段经典。这是小芹在好友小荣催促赶紧和小二黑摊牌的情况下，故意回避问题的对唱，机智而灵动：

小荣：树上的柿子圆又圆，好看好吃比呀比糖甜。压得树枝拖到地，枝头伸到你的面前。要摘你就快点摘，迟一天不如早一天。过了白露寒霜降，打落了柿子后悔难。

小芹：七月的桃，八月的梨，九月的柿子红了皮。谁家的柿子谁去摘，俺没有柿子着的什么急！

“谁家的柿子谁去摘，俺没有柿子着的什么急！”

拿着初稿，杨兰春和胡沙、田川去请教小说原作者赵树理。有深厚生活底蕴的老赵不相信几个年轻人能驾驭了他的这个题材，态度冷淡地说："我那个土玩艺儿你们搞不了，先把本子放在这儿吧！"

赵树理看了本子，态度变了。他亲自跑到中央戏剧学院和改编者们谈感想，并认为所有改编本子中，歌剧本是最好的。赵树理劝大伙，为了写好本子、作好曲子、演员塑造好人物，大伙最好到太行山区走走看看听听，体验一下"小二黑""小芹""三仙姑""二诸葛"的生活！[1]

郭兰英是十几个体验生活队伍成员中的一个。大家在一起，熟悉了，编剧杨兰春、主演郭兰英两个"兰"，经常被大家叫串。于是，有了"杨兰英""郭兰春"两个名号，被同行的人乱叫着，嬉闹着。但是，真正的工作，和村民们聊"小二黑"岳冬至、"小芹"智英贤的旧事，郭兰英说："'小二黑'被金旺打死了，有的说金旺把他推到井里淹死了，各种各样的说法，总而言之是死了。小芹嫁给别人了，不在村里，没见着小芹。"真事都是悲剧，说起来极不愉快，所以大家就不再和村民们聊具体的故事原型的事情。

笔　者：《小二黑结婚》创作组体验生活去了几个县？

郭兰英：就是到了他们那个村，住了大概有一个星期吧。待了那么五六天，就在村里住，借农民家的房子。然后有演出，我们就回来了。

1951 年，马可（前左一）、杨兰春（前右一）、田川（后排中）等到农村体验生活，与武安县上焦寺村干部合影

笔　者：您会问村里妇女们些什么问题呢？

郭兰英：那个时候人家下地劳动啊，我就跟她们一块儿下地；人家拔麦子，我们也跟着一块儿拔。富人家有种小麦的，不是割，是连根拔。一天下来，中午睡得都打呼噜。[2]

作者写曲子的，编剧写剧本的，下去有他们的想法，有他们的写作法。我下去体验生活，主要是抓人物，跟那里的女孩儿们接触，为了找一些个对象跟她们说说话，谈一谈。她们的举动、表情、走路，学外表这些方面。她们的笑是什么样？她们说话是怎么个表情？我下去主要是学生活当中这些女孩子们的表情。比如，她们的笑跟我们的笑就不一样，她们一笑就捂嘴，而且每次笑完了都不好意思。[3]

体验回来，就完善剧本并进行谱曲，一切在棉花胡同22号完成。赵树理再次和《小二黑结婚》剧组的人见面，郭兰英也和这位山西老乡见面了。

笔　者：赵树理怎样给你们讲《小二黑结婚》？

郭兰英：赵树理真是一个好人，他给我们讲的不是《小二黑结婚》，讲的是别的。好像他很少说话，年龄也大了。我记得和他接触的时候，就知道《小二黑结婚》。问他，总是摇头："唉，'小二黑'是个悲剧，小芹无可奈何嫁给别人了，不是自愿的。"我一听，就不想演了。"啊呀，又是个悲剧？我不演了！"因为我这一辈子都是悲剧，你好好想一想，除了《小二黑结婚》，其他的不都是悲剧？可这是任务，没办法，就演了。但是这个过程当中，他们写成喜剧了。我不算主角，配角还可以。那时料不到《小二黑结婚》后来这么出名。[4]

郭兰英以其非凡才华塑造了不朽的艺术形象，但她主观意识中，并不知道马可借助她在舞台的表演，实现"发扬民间音乐荣光"的梦想。《小二黑结婚》作曲方面，马可完全走的是民族化道路，努力向民间学习和靠近。马可说："我立意想证明一下，好些人对民族乐器的使用有偏见，认为它无法表现深刻的、复杂的东西，我倒想在这方面探索一下。自然，新改的还没有完全按自己的意图去做，也没有全部动它，但我已经把这条路铺宽了。有好些地方，我有意让它们（民乐）多说些话。我觉得单单的争吵的意思不大，重要的在做，做的本身就有力量，它会把问题一步步澄清。”[5]

虽然未去猜测马可的创作意图，但郭兰英可以感受到马可在努力。她回忆说：

> 唱腔基本就是采用山西及周边的戏曲、民歌完成的。比方说小芹、喜兰、小荣三个人唱的那段，“七月的桃，八月的梨，九月的柿子红了皮”都是民歌小调。小芹“清粼粼的水来”里边有晋剧。
>
> 反派角色，大部分是民间艺人唱的民歌改编过来的。有一个喜剧色彩，比如金旺唱的“小芹的眉眼真不赖”就是民歌。“二孔明”唱的，也是把民歌中滑稽的东西摘录出来。
>
> 正派人物，区长唱的也用了民歌。有的完全就是民歌，比如“小二黑”唱的《石匣有个狼牙山》，一个音符都没改，完全是一首原有的民歌。因为故事是山西的，所以完成之后，山西民歌味道非常浓厚。[6]

笔　者：“七月的桃，八月的梨”很像太谷秧歌《看秧歌》。

郭兰英： 就是根据太谷秧歌《看秧歌》来的。那不就是我唱的那些个秧歌嘛！起码有几个吧！三个人洗衣服那段就完全是《看秧歌》的调子填的新词。杨兰春、马可、乔谷、贺飞，我们几个人在北京棉花胡同中央戏剧学院对门一个小院里头，在那里写的《小二黑结婚》。[7]

“小二黑”的家乡左权县有个石匣村，村附近有座狼牙山。1939 年 7 月，这一带的日军频繁活动，八路军一二九师三八五旅旅长陈锡联下令狼牙山设伏。7 月 11 日上午，天降大雨，日军进入伏击圈。战斗进行了一天，八路军击毙敌人一百二十多人，缴获轻机枪、步枪、手枪数十支，沉重打击了盘踞在太行山辽县[8]城里的敌人。战斗结束后，老百姓迅速编唱了《石匣有个狼牙山》来歌颂这一场战斗：

日本鬼子真毒辣，和顺出发分两岔，一路沿着平辽路（么嗯咳哎格吆吆）一路寒湖至石匣。

小芹和小二黑（于夫扮演）憧憬美好未来

> 石匣有个狼牙山，那是鬼子的要命关，三八五旅老二团（么嗯咳哎格吆吆）打得鬼子丧了胆。
>
> 三八五旅真勇敢，活捉了鬼子的指挥官，抢了鬼子大洋马（么嗯咳哎格吆吆）夺了鬼子的轻机关。

这首歌原封不动被用在了歌剧中，“小二黑”亮相采用“不见其人，先闻其声”的手法，他在幕后演唱着这首民歌，然后兴高采烈地出场。

马可等人写完一段，就给郭兰英等演员们唱一段。那个时候，所有人都很激动。马可创作《小二黑结婚》，是在新歌剧与旧戏曲之间寻找某种内在血肉联系的过渡。所以，郭兰英在马可艺术实践和中国新歌剧探索道路上，地位就非常重要。马可说：

> 创造新歌剧与改革旧戏曲在建设与发展民族歌剧（戏曲）的事业中是分工合作的关系，是相辅相成的关系；二者的区别仅仅是在步骤、程序、所依据的基础与加工的程度上，而没有什么本质上的差异。目前分工的范围在戏曲改革方面有一部分是清理古典戏曲遗产的工作，这一部分是新歌剧工作中所没有的（自然，新歌剧创作中将来也可产生一些反映历史题材的作品，但这与清理戏曲中的古典节目仍不是一回事），但随着社会生活的变化，旧有戏曲中必然会有一部分

从反映现代生活开始逐渐以社会主义现实主义的艺术方法进行改革最后达到民族新戏曲（歌剧）的地步。自然这种改革过程不是在很短的时间内所能够完成的。从发展方向来看，创作新歌剧与改革旧戏曲将来在某些作品中也许没有什么截然可分的界限。目前在这种分工中加强相互间的交流，譬如戏曲团体与新歌剧团体互相改编剧本或互相吸收演员参加排演工作，这对于我们共同的事业都会产生积极的影响。[9]

周巍峙把一个旧戏曲艺人郭兰英改造成了新歌剧表演艺术家，马可要给这个艺术家以一台全新的戏，让她飞得更高，从旧戏曲中生出新歌剧来！

“小芹，村姑，‘小二黑’的爱人，十八岁。”剧本提供的只这么几个字，更多的是和赵树理、马可、编剧们的交流。经过一段时间琢磨，郭兰英对塑造这个人物有了十足的把握。她知道，那是在民主革命时期，太行山区的一个农家姑娘春心萌动，喜欢上了一个人。那怎么演？

郭兰英说：

出来以后，总是不好意思见人；一见到人，感觉到不好意思，羞羞答答的，尤其是谈恋爱。哪有公开谈恋爱的？没有。

谈，就怕被别人看见；即使是心事，也是躲也躲不及、藏也藏不了的状态。心里爱着人，感觉到没脸见人了。羞臊得不得了，全村的人都会传遍，老感觉不好意思。

一旦跟前有了外人，不管是老人还是年轻人，她都不好意思。[10]

在这个思想指导下，第一场是小芹第一个上场。“刘家峧村口小河边，日落西山，天边晚霞灿烂。于小芹挎着洗衣篮上。跑到小桥上、树荫下张望，又回到小河边，对流水沉思。”然后唱《为什么二黑哥还不回还》。唱词是：

清粼粼的水来蓝个莹莹的天，小芹我洗衣裳来到了河边。

二黑哥县里去开英雄会，他说是，他说是今天要回家转。

我前晌也等，后晌也盼，站也站不定我坐也坐不安，背着我的娘啊来洗衣衫。

“清粼粼的水”，如何让观众知道是“清粼粼的水”呢？郭兰英想，要用眼睛告诉观众。上场之后，不唱的时候，绝对不张开嘴，只用面部表情传递小芹身处环境的“清远”。“水”是怎样的水？是一条河，不是一滩水。因此，在河边一低头，要让观众领会到小芹看到了自己的倒影。手指处，一条河远远地流过来，又向远处流走了。这是手上的功夫，并且配合着眼睛与表情。

郭兰英说：

一出来就奔舞台另一侧，一看，没回来，哎呀，怎么还不回来呀？低头一看，水，清粼粼的水；抬头一看，蓝个莹莹的天。[11]

“清粼粼的水来”，很清淡。来到了河边，连起来，不要断。这段唱，整个是一个波浪形的起伏，不要断。小芹始终是笑的。“蓝个莹莹的天”不能断，“小芹我洗衣裳……”别断。[12]

别让观众听见演员在那里换气。“清粼粼的水来”，不要换气；“蓝个莹莹的天”，不换气；“小芹我……”这个地方不要换气，换气也不要让观众看见。“……来到了河边”，不换气。就三口气，不要换得太多。每一个字干干净净的，别拖泥带水的。节奏也不能慢下来。要非常高兴、很愉快地把每一个字告诉观众，让观众听清楚。[13]

一定要和乐队接得紧一点，“清粼粼的水来……”流水似

20 世纪 50 年代《小二黑结婚》

> 的，不能断。不能一会儿快，一会儿慢，要有轻重缓急，你要强就带着乐队一块强，你要弱就带着乐队一块弱，不能光你自己，不能脱离开乐队，那么多人伺候你呢，你应该给人家个“范儿”。没有乐队，你一个人在那个干唱不行，光有乐队，听不见你的声音也不行，所以合作很重要。[14]
>
> 小芹除了篮子、衣服，要不要拿个棒槌？郭兰英想，不拿。一者，拿棒槌不是太行山女子洗衣裳的习惯；二者，拿着一根大棒槌，太难看了，破坏了小芹清新的形象。[15]

小芹从水里看到自己，看到了蓝天，非常自然地过渡到后半句“蓝个莹莹的天”，甚至要让观众从小芹的眼神中看到蓝天上飘着的白云。

就这一句，蕴含着太多的表演元素，给演员巨大的发挥空间。郭兰英认为，一定要解决好：第一，水流来又流去的路径，用手告诉观众是一条河；第二，河水是清澈见底的，那么小芹走到河边自然地看见自己倒影的动作，很细微，必须很准确；第三，小芹先从河水中看到天，然后抬头看天，深邃、蔚蓝、高远。

做到了这些还不够，因为写景不是目的，目的是交待小芹要干什么。她黄昏时分出来，要干什么呢？唱词是“洗衣裳”。但是，真的是洗衣裳吗？不是，“洗衣裳”为的是遮人耳目。郭兰英决心要表演出嘴上唱的是“洗衣裳”，实际上不是为了洗衣裳才到河边来的。那怎样表现呢？就是在唱“洗衣裳”三个字的时候，用眼神心不在焉地瞟一眼臂弯上挎着的篮子，更专注地瞩目远方。流离顾盼中，透露出难以言说的心事。

“二黑哥……”开始，说到正题上了。“……县里去开英雄会”的“会”字很容易唱成“回”字，这要咬准。而且尽量“口语化”，像说话一样把这些词唱出来。虽说本来就是“唱”的，但意识里要“说”，是在给大伙儿讲故事，不要自己在那儿唱，自我欣赏。如果那样，演员就太自私了。郭兰英告诫自己：观众来看你，你得让人家听清楚。[16]

因为小芹心中有了爱，所以在心上人离开即将回来的日子，“等”“盼”“站不定”“坐不安”。如果仅仅是唱，非常容易，但是要表现一连串的情绪，“等”与“盼”的急切，“站不定”和“坐不安”的焦虑。尤其大的前提还是不愿意叫人知道她藏着掖着的心事。这些都必须传递准确。如果唱成：前晌也“蹬”，后晌也“踹”，就不能表达小芹的情绪。而且，不要完全被音乐套死，演唱自由一点，显得轻松愉快。[17]郭兰英说：

> 小芹这时候的感觉只能是“等”和“盼”，如果太随便，太着急，就演成了“接”和“约”了，那都不对。那样，小芹就太大胆，破坏了她本身内在的含蓄美，也不是那个时代的感觉。傍晚出门，喊一声：“娘，我去

接‘小二黑’了！”那怎么可以？等“小二黑”是偷偷地来，演员要让观众感觉到。[18]

“背着我的娘啊来洗衣衫”，“背”字必须唱好。因为音乐在这个地方出现了“倒字”的闪失。“背”字有两个读音，读去声当名词用时，指“人体后面从肩到腰的部分和物体的后面或反面”；读去声当动词用时，意思是“用背部对着、向相反的方向、避开、违反”等。这正是这个字在此处的正确使用和正确读音。

如果读成阴平，意思就成了“人用背驮（tuó）东西”。那样，小芹就是在肩上扛着母亲“三仙姑”来河边洗衣裳了，会闹出笑话的。

所以，郭兰英一定是把字“啃”住的。

在河边，小芹遥望思索，继续唱：

你去开会的那一天，乡亲们送你到村外边。

有心想跟你说呀说上那几句话，人多眼杂，人多眼杂我没敢靠前。

唱“你去开会的那一天”，小芹从河边洗衣裳的地方站起来，在河边转一圈，到石头上站得高一点，焦躁地眺望，再跑回洗衣裳的地方。演员要设定洗衣裳是在低洼的地方，而眺望的地方是地势比较高的地方。在这个过程中，唱这几句词，舞台上的小芹就活了。

郭兰英说：

> “你去开会的那一天，乡亲们送你到村外边。”语气，要柔软的，但还是要交代清楚。“有心想跟你……”不要唱成“我有心想跟你说”，不要“我”字，有了“我”字就笨了。演唱不能太愣了，所有地方都是圆的，柔一点。“人多眼杂我没敢靠前。”一样是柔的，说着柔，圆着唱，字出去柔，柔着出去。[19]

从“没敢靠前”的音乐过门开始，小芹顺着音乐节奏双手灵巧地把身前的辫梢拧了两下，然后一下子，动作比较大地将辫子甩到身后。为什么拧？因为辫子系了头绳后还有辫梢，小芹玩散着的那一段。郭兰英说：“这都是戏曲里的动作，过去表演‘不好意思’是拿着水袖，我把它用在这儿，是手势。”[20]“小芹心里美滋滋的，哎呀，不好意思，怕别人看见，赶快回到那儿洗衣裳去。洗衣裳，不单腿跪。因为单腿使不上劲儿，双腿下去才能用得上劲。也更朴实得像个

小二黑（张杨扮演）拉住小芹（郭兰英饰演）

农村丫头。”[21]

在小芹生活的家乡左权县，有一首非常受老百姓喜爱的民歌，叫《亲圪蛋下河洗衣裳》，里面就唱道“双圪顶(膝盖）跪在了石头上”。所以，一般都是双腿跪着，单腿跪就假。单腿跪让观众看着都难受了，两条腿跪就舒服了。

双腿跪着洗衣裳，小芹还一边在默默地盘算着心事：

昨夜晚小芹我做了一个梦，梦见了二黑哥你当了模范。

人人都夸你，夸你是神枪手，人人都夸你打鬼子最勇敢。

县长也给你披红又戴花，你红光满面站在那讲台前。

大伙儿呀，大伙儿呀，你拍手啊，他叫喊哪，拍手叫喊。

都说你是一个好呀好青年，好青年！

这段唱是回忆一个梦境，悄悄地独自表达。郭兰英体会，不能唱得吵吵嚷嚷仿佛跟人打架似的，要唱得如同在梦里，大家进入了你的梦，剧场非常安静，所有的观众都竖着耳朵在听，眼睛都直勾勾地盯着“小芹”，看愣了。这里，一定要把观众吸引过来，让观众和演员一块做梦，因为“好青年”“小二黑”在“梦”里头。

虽然舞台上的“小二黑”还没有出现，但是在小芹的梦里已经交代清楚了。通过小芹的梦，观众知道了她爱的人

“小二黑”是“模范”“神枪手”“打鬼子最勇敢”的“好青年”。这个爱情传递的是满满的正能量。

郭兰英给年轻人讲：

> “昨夜晚小芹我做了一个梦”，这不是说么？“梦见了二黑哥你当了模范”，这不是说么？你非要唱。因为你习惯了去唱，可事实本身不是唱吗？实际上不是完全唱，是说，是讲，是要让观众听清楚。“人人都夸你，夸你是神枪手，人人都夸你打鬼子最勇敢”，这都是说的。有人说，说的时候，低音就出来了。这就对了，现在是光有高音，低音低不下来，到低音就没声了。练了半天声，却没有低音光有高音，这不行啊！[22]

唱完“好青年”，因为小芹沉浸在梦里，忽略了手中的衣服，所以这时衣服掉在河里，溅起水花，惊醒了小芹的梦。小芹又不好意思了，赶紧把衣服拿过来，在石头上揉一揉。

> 喜鹊儿叽叽喳喳叫几声，给我小芹报喜信。
> 猛听得树叶沙啦啦啦响，就像是二黑哥的脚步声。
> 咳！原来是刮了一阵风，刮了一阵风！

“喜鹊儿叽叽喳喳叫几声”，树应该在哪边？二黑哥的脚步声应该在哪边？郭兰英都想得清清楚楚。小芹的情绪也从“梦里私密着的幸福”到“有喜鹊儿分享着的幸福”转换，本以为二黑哥走过来了，却原来是一阵风，于是略感“失望”。

演唱咬准字，表演拿捏细致。郭兰英版的《小二黑结婚》正式演出后，获得了高度评价。

【注释】

[1] 参阅杨兰春口述，许欣、张夫力整理《杨兰春传》，大众文艺出版社2003年版，第45页。

[2] [4] [7] 郭兰英访谈，2017年5月11日，中国音乐学院西楼607室。

[3] [6] [10] 郭兰英访谈，2017年4月29日，中国音乐学院大学生活动中心。

[5] 转引自李凌《音乐流花》，山西人民出版社1989年版，第569页。

[8] 1942年9月18日，为纪念殉国于此的左权将军，辽县易名为左权县。

[9] 马可：《新歌剧和旧传统》，原载《人民音乐》1954年第1期。转引自中国戏剧家协会编《新歌剧问题讨论集》，中国戏剧出版社1958年版，第138~139页。

[11] [18] [20] 郭兰英课堂实录，2017年4月21日，中国音乐学院。

[12] [15] 郭兰英课堂实录，2017年4月14日，中国音乐学院。

[13] [16] [17] 郭兰英课堂实录，2017年4月12日，中国音乐学院。

[14] [19] [22] 郭兰英课堂实录，2017年4月17日，中国音乐学院。

[21] 郭兰英课堂实录，2017年5月13日，中国音乐学院。

第十章

『死的光荣』

汾河英雄

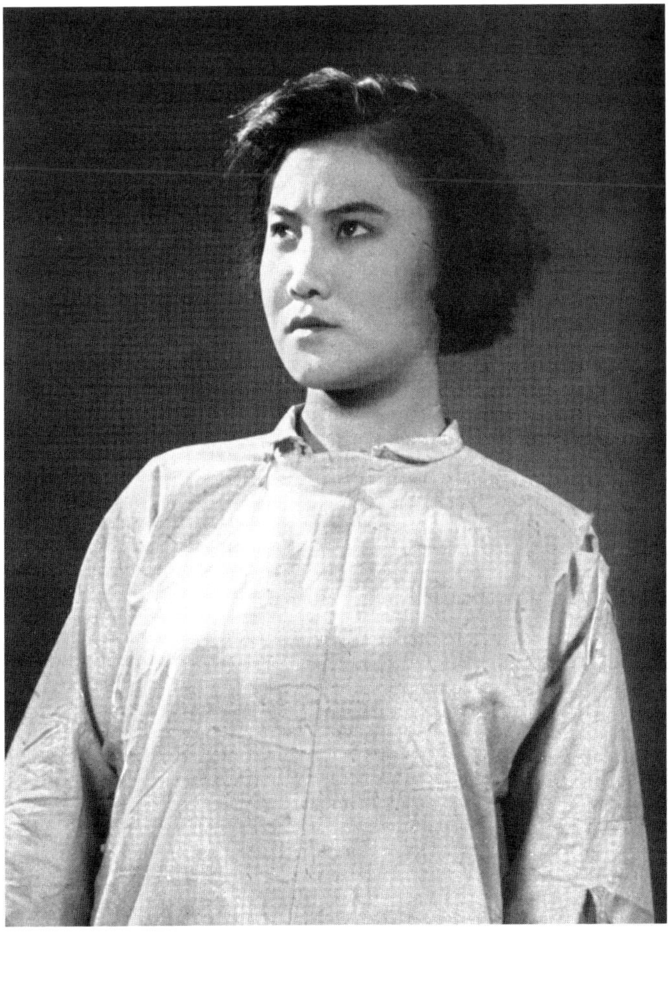

早在1947年1月12日，在郭兰英家乡发生了一件事情。1932年出生只比郭兰英小两岁的少女刘胡兰不屈服于敌人的淫威，在敌人的铡刀下牺牲了，年仅15岁。毛泽东深受感动，挥笔写下八个字："生的伟大，死的光荣。"

从郭兰英的家乡平遥香乐村，顺着汾河北上几十里，就是文水县的云周西村。郭兰英和刘胡兰都是在汾河边长大的。刘胡兰的事迹宣传开了，郭兰英非常骄傲。

1953年，"中央实验歌剧院"成立，这是新中国较大的歌剧院。由于"洋派"和"土派"争论不休，"实验"两个字被加在剧院名字当中，而且"土""洋"两伙人也分为两组，各自寻求出路。这一举措意味着"中国歌剧"还处在摸索阶段。

方晓天说：

中央实验歌剧院划分为甲乙二院，因为在声乐上有民族的和西洋的两个系统，为了更完整地接受民族的和西洋的发声方法和思想感情，这样做是很必要的。但是学习西洋技巧的目的，主要还是演出中国民族风格的歌剧。应该拿西洋的发声方法和表演技巧来服务于我们民族风格的歌剧；而不是拿我们的主题去服务于西洋的东西。[1]

这位方晓天，正是1954年版歌剧《刘胡兰》的主演之一，是以西洋乐队和西洋唱法开始准备并排练的。歌剧《刘胡兰》在1948年就由战斗剧社搬上了舞台。董小吾在《新歌剧的回顾与展望》中说:《刘胡兰》演完后，开了个座谈会，大家赞成《刘胡兰》内容题材是好的，却责备它在形式上是非牛非马。有人说“话剧加唱”不如改成话剧力量更大。实际上，《刘胡兰》开始是由魏风同志写的话剧，由于效果较差，所以又由原作者改成新歌剧。[2]

题材本身宣传教育意义大，于是，中央实验歌剧院重新创作。于村、海啸、卢肃等编剧，陈紫、茅沅、葛光锐作曲。郭兰英又一次和创作团队回到了山西体验生活。

左起：郭兰英、李辉、胡文秀、申纪兰

笔　者：您到云周西村找胡文秀了吗?

郭兰英：找啊。去体验生活，住了三个月。因为时间太长，住在人家里不方便，我们就租房子住。我每天差不多帮助胡妈妈干点活儿，挑水，扫院子，跟她接触，了解刘胡兰。

笔　者：村里人会说："郭老师，给我们唱唱歌吧！"

郭兰英：那时候老百姓不像现在，都憨厚保守一些。也不说"到俺家里坐"，他们家都穷，怕人去。去了不让人吃饭不礼貌；吃又没什么好吃的，左右为难。

笔　者：您名气很大了，给大伙唱歌了吗?

郭兰英：也没有什么名气，都是文工团式的，没有大明星。尤其是到村里头，老百姓都不知道。

笔　者：当时就定了由您主演吗?

郭兰英：是的。体验生活之前就定了，你就是这个角色，定了再去体验生活。

笔　者：有B角吗?

郭兰英：有，都一块去。B角我们几十年没有联系了。[3]

郭兰英的老朋友杨先让有另一个版本的说法：《刘胡兰》女主角由美声唱法组的方晓天担任，接近公演日期时，民族演唱组的郭兰英忽然提出也要参加演出，并要求与方晓天轮流担任主角。这使院领导十分为难，因为此剧全部由美声组演唱，也是用西方乐器伴奏，民族演奏组重排已来不及了。而郭兰英提出，一切照旧，演出日期也不必改动，只自己一个人参加即可。因为别人在排练的时候，她早听会了。

这件事上报到文化部，周巍峙等领导经过研究，同意郭兰英的提议。在其他所有演员和乐团都是西洋一套体系的情况下，大家担心郭兰英一个人跳出来用民族唱法演唱，会影响整台演出的和谐统一。令人没有想到的是，在演出效果上，郭兰英的“土派”演唱更加突出了剧中英雄人物刘胡兰。[4]

方晓天说：

我和郭兰英同样演出《刘胡兰》，可是令人感受的味道不一样，郭兰英不但掌握了民族的唱法，而且运用西洋的声乐技巧，丰富了原有的基础。她的嗓音响亮，圆润而丰满，不但能够持久，而且善于控制。

郭兰英饰演刘胡兰

我在这方面要比她差一些，因为我自小没有受过严格的锻炼。[5]

郭兰英和刘胡兰一样，从小在汾河边长大。《刘胡兰》的演出中，怎么可以没有郭兰英？郭兰英比别的演员对刘胡兰更有亲切感。刘胡兰是山西英雄，比郭兰英年轻，革命觉悟也高。和愤怒的喜儿与多情的小芹比，刘胡兰是很朴实的、严肃的。在演唱处理上，郭兰英深深懂得，演唱要把字咬住，一个字一个字说清楚，声音整个贯通出来。著名唱段《一道道水来一道道山》，唱词是：

一道道水来一道道山，队伍出发要上前线。

一心一意去打仗，后方的事情别挂在心间，别挂在心间。

放心吧，别挂牵，真金不怕火来炼。

绳索刀斧摆在眼前，也难也难动我的心半点。

放心吧，别挂牵，句句话儿记在心间。

不怕风来不怕浪，不怕不怕难来不避险。

埋头一心多工作，争取胜利早实现。

风会停，云会散，阎匪总会消灭完。

等着吧，到了胜利的那一天，我们再相见。

郭兰英说：“不要拖泥带水，开始就很干净，声音脆

郭兰英工作照

一点。”她反复琢磨，“山”不能唱成“散”，平翘舌音，一定说清楚。“水”就是“水”，上声，不能读成去声和平声。“一心一意去打仗”，绝对不能是“大”仗。“句句话儿记在心间”，要不要加个“我”字？“句句话儿‘我’记在心间”或者“句句话儿记在‘我’心间”？不能，不需要。编剧写上，唱的时候也删掉。

“一道水来一道道山”，有人会唱成“一大大”，有人会唱成“一刀刀”，有人又在“道道”和“大大”之间，“舌头”位置不够是不行的。咬得太明确了，成了“一刀刀”，刮人呀？稍微差一点点也不行。唱的时候，意识当中一定是说。目的是让大家听得清清楚楚，一定要语言化一些，说的成分多一些。唱要跟讲话一样干干净净，很大方，很朴实。塑造的是刘胡兰，感觉要非常清淡，听起来很自然。只“来”字有一个小的拐弯。

“队伍出发要上前线”，不能起伏太大，在戏曲里边叫“平板”。到最后三拍子的时候是另外一个板式。“去打仗”的“打”强调一下，打仗，也要说对。别越唱越快，就一个节奏。后面的三拍子也不要太快，是一种想象，看着队伍越走越远，看着红旗还在那里飘，说：“放心吧，别挂牵，真金不怕火来炼。”

从“埋头”起，一口气下来。最后相见的“见”，把音收回来。[6]

刘胡兰烈士牺牲处

郭兰英认为，这段比较难唱。刘胡兰是在自己安慰自己，更主要的还要安慰老乡们，因为她代表的是老乡，所以这段唱词全是代表老乡，不仅仅是个人。

成功上演的《刘胡兰》成为继《白毛女》《小二黑结婚》之后郭兰英歌剧表演的又一个里程碑。

【注释】

[1] 方晓天：《谈歌剧演员的训练》，见中国戏剧家协会编《新歌剧问题讨论集》，中国戏剧出版社 1958 年版，第 252 页。

[2] 中国戏剧家协会编《新歌剧问题讨论集》，中国戏剧出版社 1958 年版，第 73 页。

[3] 郭兰英访谈，2017 年 5 月 11 日，中国音乐学院西楼 607 室。

[4] 参阅杨先让《三人行》，广西师范大学出版社 2016 年版，第 121 页。

[5] 方晓天：《谈歌剧演员的训练》，见中国戏剧家协会编《新歌剧问题讨论集》，中国戏剧出版社 1958 年版，第 250 页。

[6] 郭兰英课堂实录，2017 年 4 月 12 日，中国音乐学院。

第十一章

一条大河　唱诵祖国

郭兰英在民族歌剧舞台上大放异彩的时候，中华人民共和国面临着严峻的挑战，为了保家卫国，无数优秀儿女唱着“雄赳赳，气昂昂，跨过鸭绿江”奔赴朝鲜战场。残酷的战争持续了近三年，1953 年 7 月 27 日才结束。

朝鲜战争中的上甘岭战役，于 1952 年 10 月 14 日至 11 月 25 日在朝鲜金化郡上甘岭及其附近地区展开。中国人民志愿军粉碎了以美军为首的“联合国军”，取得了胜利。上

电影《上甘岭》剧照

甘岭战役的捷报传来，举国振奋，领导指示要以电影的形式呈现中国人民志愿军的气魄。长春电影制片厂沙蒙接受了任务。

郭兰英的老战友、好朋友乔羽接到了为电影《上甘岭》写歌词的任务。乔羽回忆说：

> 你知道当时这个片子是什么派头吗？叫重点中的重点。你知道当时逼人逼到什么地步吗？我去长影的时候，电影已经拍完了，没有选外景地，就在长影的院子里搭了一个，整个摄制组在那里停工待料，就是这一段出现这个歌的地方没有拍，出现了歌以后再拍。
>
> 导演沙蒙是我很尊敬的一位导演。他说，我们现在每天什么事都不干，闲到这里，一天需要花掉4000块钱……沙蒙每天上午都到我住的那个屋子里去一次，什么话也不说，坐一会儿就走了。十几天来，就是什么也写不起来。
>
> 实在没办法，后来想起来，我是北方黄河边上的人，在这之前我没有渡过长江，没见过水稻在地里长是什么样。为了完成任务，我第一次见到长江，简直把我惊讶坏了。
>
> “一条大河波浪宽”是最大的水了，它比黄河大多了。“风吹稻花香两岸”，南北两岸水稻的味道与高粱玉米的味道是不一样的。大概几分钟我就写成了。

我写歌有一个习惯，想用第一人称，这两句看不出来，赶紧拉回来：我家就在岸上住，才能说听惯了什么看惯了什么，因为我家就在这里嘛。

我写出来了，问自己：“这和《上甘岭》有什么关系啊？沙蒙一句话就可以否定你，我这是《上甘岭》，你这写的是什么？”

第二天，沙蒙还是笑嘻嘻地来了。我说：“沙蒙同志，给你看看这个。”沙蒙拿着稿子看着，一声不吭。半个小时后，沙蒙一拍腿：“就它了。”走了。

过了一天，沙蒙又来了，说：“你写的长江，为什么不说‘万里长江波浪宽’？”我愣了，也看了有半个小时。最后，我说：“沙蒙同志，还是‘一条大河’吧。”

他说：“为什么呢？”

我说：“不管你在哪里住，家门口总有一条河吧？一个小孩，看见一条小河，他也觉得是一条大河。他只要一想起这条大河就能和他一生的经历联系起来，因此还是‘一条大河’为好，不具体说是长江还是黄河。”

沙蒙又拍了一下大腿：“就它了！”[1]

沙蒙把郭兰英的同事、中央实验歌剧院作曲家刘炽请到长春住在长影厂小白楼作曲，刘炽像乔羽一样被“逼”着，在房间门上贴条子写了“刘炽死了”，潜心创作。他从根据备受欢迎的河北民歌《小放牛》改编的歌曲《卢沟问答》中获得灵感，完成了《我的祖国》的创作。

沙蒙找了很多歌手演唱，结果都不满意。乔羽说：

郭兰英生活照

他找过很多人唱呢，都觉得唱得不够理想。我说："你叫郭兰英唱不就完了嘛！"

郭兰英来一唱就成了。为什么呢？郭兰英是最大的歌唱艺术家，已经大名鼎鼎了。在那个时代就她呀，女一号。数她唱得好。哪里还有比她唱得更好的呀？她生得也好，又会唱，她处理歌都处理得很好。没有比她唱得更好的了。

我跟郭兰英很熟悉了，我说："请你给唱个歌。"她说："好吧。"简单至极，都是老熟人，郭兰英更是熟人。

录也不是什么太复杂的事。沙蒙（请）来了一个班子，一下就成，都是大艺术家嘛。[2]

乔羽、刘炽、郭兰英合作完成的《我的祖国》随着电影《上甘岭》的播放传遍中国大江南北。歌曲大气而抒情，亲切而温暖，仿佛成了"第二国歌"感染着华夏儿女，一直传唱至今。

笔　者：录《我的祖国》时，看电影《上甘岭》了吗？

郭兰英：没有，当时根本不知道这是往哪儿录，后来看的。

笔　者：电影不是对口型唱的么？

郭兰英：不管那个，就是唱。唱完了没事了，走人。

笔　者：在西堂子胡同就有录音棚？

郭兰英：哪有什么录音棚！拿的机器在院里头录，合唱队也是，拿几个板凳，在那儿一站两排。院里还有个顶棚，非常简单，一遍录完。

笔　者：就录一遍？

郭兰英：一遍。

笔　者：您没去长春吗？

郭兰英：没有。我脑子不记这些，就是在这儿。

笔　者：拿到《我的祖国》这首歌的时候，您会意识到它将来成为经典吗？

郭兰英：谁想那个！刚过上太平日子，人的思想特别单纯。我二十来岁吧，让我演出我就演出，很简单，没现在这么复杂。[3]

乔羽记得导演找了好些人演唱《我的祖国》。郭兰英说："也不是好些人，找了两三个吧。这是我听他说的。"当时的郭兰英一门心思就是唱歌。她说："天塌下有地撑着，我就是我，我在舞台上就演我的戏，我把我的戏演好了，别的事情我什么也不听、不管、不理。所以人家一讲什么就讲出来，我就讲不出来。跟乔羽的接触，一句话，我就是佩服！只要看到什么，脑子里马上就有词了，而且还挺漂亮，写得挺俏皮的。"[4]

很多年后，郭兰英曾在电视台对观众说：

> 《我的祖国》完完全全是代表了我的心理，也代表我郭兰英的生命。说实话，没有《我的祖国》哪有我郭兰英啊？感谢人家拍电影《上甘岭》，没有《上甘岭》就没有这个曲、这个歌，也就是没有《我的祖国》。
>
> 词作者乔羽同志是华大的，我们是同学，但是人家水平比我高，是咱们国家的泰斗；我还要感谢已经不在世的刘炽同志，也是我的同学，写这首曲子。人家是真正的华北联大的学生，我跟不上人家，我蹭了个边，我也凑进去了华大。
>
> 每一次唱到《我的祖国》的时候，我真是有说不出来的内心的感激……[5]

《上甘岭》电影上映的时候，在山东省实验中学有一个学生叫王世光，他 1941 年出生，这时候 15 岁。他喜欢音乐，特别喜欢郭兰英。王世光说："郭兰英是全国民歌演唱者当中的领军人物之一，北方地区，最好的应该说是郭兰英。因为《白毛女》已经尽人皆知、家喻户晓了，郭兰英的名声因为她从事了歌剧演出行业就和一般只唱民歌类的歌唱家有所不同。她的分量因为歌剧演唱加重了。”[6]

【注释】

[1] 乔羽接受中央电视台访谈。

[2] 乔羽谈郭兰英，2017 年 6 月 15 日。

[3] [4] 郭兰英访谈，2017 年 6 月 3 日，中国音乐学院西楼 607 室。

[5] 见凤凰卫视《鲁豫有约》。

[6] 王世光谈郭兰英，2017 年 9 月 21 日，中国音乐学院小花园。

第十二章

钻研舞台　窦娥还魂

中华人民共和国，真是给人一种昂扬的斗志。大家一心一意建设自己的新国家，向往着幸福美满的明天。

1956 年夏天，郭兰英重新排了《小二黑结婚》，参加第一届全国音乐周演出。

1958 年春，从南京前线歌舞团移植歌剧《红霞》，郭

郭兰英和歌剧《红霞》作者石汉（右一）

兰英担任主演。

1958 年秋冬，在新编创的歌剧《红云崖》中，郭兰英担纲主演。

1959 年 10 月，郭兰英担纲主演的《春雷》向国庆十周年献礼演出。第二年，这个戏由导演凌子风拍成电影，郭兰英继《春节大联欢》之后再次登上银幕。

《红霞》讲述的是江西中央苏区的故事。一位名叫红霞的女英雄，为了营救乡亲、保护红军，置个人安危于不顾，独自一人把敌人领上绝路，自己壮烈牺牲。其中的音乐采用江南民歌和戏曲音乐曲调形式，优美动听。原版主演蔡佩莹比郭兰英大三岁，是江苏人，曾向郭兰英学习过演唱。而郭兰英再演蔡佩莹的戏，有不少自己的处理。《红云崖》也发生在“赤”与“白”对峙的年代，故事发生地是四川。于是，音乐有浓郁的四川味道。歌剧《春雷》是湖南故事，时间上与《红霞》《红云崖》差不多。杨先让回忆说：“她演《红霞》，只几天时间，台词就背下来了，乐队还没合哪！她聪明。不是要多快好省吗？她就问：‘你们怎么搞的？我这全部可以上台了，你们还在练啊？’真厉害！”[1]

郭兰英为了深刻领会剧中人情感，演唱出不同地域的韵味，多次奔走在故事发生地的乡村小路上，亲近土地，亲近民间艺人，感受乡土味道。这些戏在当时背景下受到关注，但是这些戏或多或少有一些问题，没有能够广泛传播开去成为经典。

关于《春雷》，当时就有评论说：

> 饰演满妹子的郭兰英唱得很好，但演员的特长没有得到充分发挥的机会。[2]

除了文学、音乐创作的问题，会不会是这些戏发生地的文化对郭兰英来说有一点点陌生呢？不知道。这几部歌剧的知名度有限，可是采风、排练、演出，占去了郭兰英的所有时间。她回忆说：

> 晚上睡得很晚，早上起得也很晚。起来之后，就是排练。上午排练，十二点以后休息，四点进剧场，就是这个习惯，没有写作的时间。
>
> 我钻，钻的是什么？舞台！其他的都记不住，年轻的时候也是这样。大家都给起绰号了，“傻子”！我脑子里只有戏，时刻琢磨怎样吸收别人长处丰富自己。至于怎么补充营养呀，怎么保护自己呀，一概不懂。
>
> 有人说保护嗓子不要吃辣椒，我根本做不到，离开辣椒还不行。
>
> 医生说：“你说吃辣椒不伤害嗓子，这个说法不科学。”我说：“我不懂科学，你说用嗓子的人不能吃辣椒，你不是枪毙了好几个省的人啊？东北人吃辣椒，四川人吃辣椒，湖北人吃辣椒，山东人吃辣椒，山西人就更不

郭兰英主演《红霞》。红军转移时，红霞将手镯交于丈夫赵志刚，表达一片深情

郭兰英主演歌剧《红云崖》。冬花将孩子交给大青嫂后，只身上红云崖，去护卫红色标语

用说了。再说，这个因人而异，有的人吃了之后不伤害嗓子，你不能说唱歌的人不能吃辣椒。我就吃辣椒，我不吃辣椒，嗓子还没劲呢！越吃了辣椒，这嗓子越好！”

另外，人们还说，只有郭兰英了解她自己，但是她又说不出来。我的东西全抖搂在舞台上了，你们就到剧院来看吧。下来之后看上去就像是个“土农民”，也不打扮，吃东西也不讲究，除了辣椒就是醋。[3]

一次，杨先让拉着郭兰英到画家黄永玉家玩，黄永玉做了两桌子菜，都是荤的。郭兰英不吃肉，桌上的菜不能吃，但是有一小碟辣椒。郭兰英就用这一小碟辣椒吃了一碗米饭，没饱，还要米饭，就把另一张桌上的一碟辣椒拿来，和米饭一拌，吃了，这才饱了。

笔　者：那您一直到现在一日三餐都要吃辣椒么？不论吃什么都放辣椒？

郭兰英：吃，特别喜欢。没有辣椒也能吃，但是没辣椒觉得没味儿。[4]

除了嗜辣，郭兰英别的没有讲究。日常服装上，她拿起什么穿什么，没有特殊。郭兰英总结说：“总而言之，我就是‘傻子’一个，除了舞台，别的什么都不管，上了舞台就变了一个人。”

早年的几个“喜儿”，陆续都改行从事行政工作了。郭兰英实在缺少那方面的心思。

郭兰英：选了让我当文化部副部长，我就不干。

笔　者：什么时候呢？

郭兰英：50 年代。我说，你们是不是脑子出毛病了，我当副部长去？我不是那块料，院里头都知道。

笔　者：在剧院里担任过团长、副团长吗？

郭兰英：没有。连个小组长我都不干，拒绝！当官就要做具体的事情，光打个旗号干什么呢？我只有舞台，讲台上说不出什么来。这是实实在在的事情。[5]

郭兰英在《春雷》中饰演满妹子

“傻子”郭兰英1960年冬天参加歌剧电影《春雷》的拍摄。在河里船上实景拍摄，她担心掉下去，因为她不会游泳。结果，担心的事还是发生了。和她演对手戏的人不知道做了个什么动作，他们乘坐的船“哗啦”就扣过去了，郭兰英掉到了水里。她回忆说：

> 不过我有一个好处，掉进去的时候睁着眼睛，就那样狗刨似的，“哗啦哗啦”刨了半天。一看前边有一棵树，我一下就过去了，抱住那棵树，往上边走，水自然而然地流，我露出头来了。我喊：“快救我吧，我不会游泳！”结果，“咚咚咚”跳下来五六个人，找我，我一看在我后边了。我喊：“我在这儿呢！”他们都紧张坏了，因为我一点也不会游泳。[6]

1960年，继歌剧《槐荫记》之后，中央实验歌剧院的艺术家们希望把《窦娥冤》《牡丹亭》《杜十娘》等古典名剧一个一个搬上歌剧舞台，作为“中国民族歌剧”的新样态。当年5月，《窦娥冤》率先在天桥剧场与观众见面了，郭兰英扮演窦娥。

郭兰英说：

> 《窦娥冤》是根据戏曲改编的。是古装戏，演出是

现代手段，就是用现代作曲演出古代故事。难在唱法是歌剧唱法，人物塑造比较难。我用了戏曲的，又用了现代的，是“不古不洋”的状况。

我在塑造人物过程中有什么感想呢？完全戏曲化不行，完全现代化也不行。怎么办呢？那就是两种结合，糅合在一块塑造窦娥，尤其是“托梦、鬼魂儿”这出戏。

鬼魂一出来，用的完全是戏曲云步。两只脚并在一起，走起来还不能上下颠，要像在水上漂着。一般演歌剧的演员恐怕演不了。大步走出来就不是鬼魂的走法了。

唱也比较难。再加上鬼魂还有个“二音”，必须得唱戏曲的。“二音”一下上去两个八度，如果F调的话，一下上去了两个八度，所以比较难。我唱过山西梆子，就有这个音，窦娥的鬼魂出来之前，到最后下场飘走了以后，都是用的“二音”。这也是我的创造。

《窦娥冤》剧照

“二音”在戏曲里，也是有的戏能用，

有的戏不能用。特别高兴的时候用它，比如《打金枝》；发愁的时候用它，比如《金水桥》。

现代戏唯独《窦娥冤》用了。鬼魂，用很强音域的“二音”慢慢地柔和地远去，远去，最后很低很低，很远的声音，细细的。除了我敢用，别人不敢用。为什么呢？因为他们掌握不住尺寸。

《窦娥冤》开门、关门，用戏曲手法。让观众看得清楚，我是出门去了，再把门拉回来，然后再搭上门，锁上。没有练过戏曲，观众全然不知道演员在台上抓什么。[7]

可惜《牡丹亭》和《杜十娘》没有来得及搬演。如果真的改编成歌剧，郭兰英版的杜丽娘、杜十娘，一个“人鬼情未了”的怀春少女，一个“怒沉百宝箱”的风尘佳丽，郭兰英会有怎样伟大的创造呢？

在连续关注了老同学郭兰英在歌剧《小二黑结婚》《刘胡兰》《窦娥冤》中的表演之后，作曲家刘炽认为，在这些作品中，郭兰英“尽情地发挥了演唱上的优势，使她成为中国民族歌剧的佼佼者”。郭兰英连续创造佳作，成就斐然，刘炽称之为“郭兰英现象”：

从艺术美学观点上来看，这就是“郭兰英现象”，在我国民族歌剧界及民族唱法声乐界，是不可多得的现

歌剧《窦娥冤》，郭兰英饰演窦娥

郭兰英表演鬼魂时使用了戏曲云步，让“鬼”活在了舞台上

象。这种现象，首先体现在民族艺术肥沃的泥土中，培育出了茁壮的幼苗。其次是用革命的新的文艺工作者的结合，在她的艺术道路上开辟了新天地，从而获得了新成就，中国从此产生了一位执着的民族歌剧比较全面发展的艺术大师。

我认为“郭兰英现象”表现在：她体现了戏曲艺术美的现象，美在程式，美在写意，美在形体、身段，美在行腔、润腔，美在民族心理状态、民族传统的表现。同时，又有革命的激情，时代的感觉……[8]

把新编创的歌剧《窦娥冤》演得这样好，那传统经典还会演吗？

一次开会，有人突然问郭兰英：“你还会唱山西梆子吗？”郭兰英不假思索地说：“当然会了。”那个人以为郭兰英只能演新编创的歌剧，便说了几句激将的话。正在开会的郭兰英，会也不开了。她回山西了，和晋剧界的艺术家们合作排练了几天。排了戏，先在太原演出几场。当时非常年轻的“戏迷”刘巨才在现场观看了。他回忆说：

我十几岁，在太原北门外解放剧场看戏。剧场坐东朝西，比较简单，大约能坐一千人，座位都是长条细板凳，两旁还有烧茶炉。右面可以上后台。我年龄小，也胆大，看得一清二楚。郭老师和丁果仙合演《坐楼杀惜》。

那时，社会稳定不久，人们需要精神慰藉，对戏曲非常渴望。郭兰英还很年轻，丁果仙也不太大，两个人配合得相当不错。观众看戏对丁果仙要求很高，让她发力。中间到后台，要强的丁果仙很生气，念念叨叨："我怎么死呀这儿？吃了这碗饭！"跟包催场的把帽子赶快给她摘下来放那儿，给她用专门的小茶壶喝水，喝了一顿，髯口梳好了，给了她。丁果仙这才稍好点。郭兰英鼓励丁果仙说："再上去就好了，没问题。"这个印象我特别深刻。[9]

半个月后，郭兰英带着晋剧返回北京，在中南海怀仁堂，演出了《金水桥》《坐楼杀惜》等，弯腰、劈叉，都完成得非常精彩。

这是1961年，晋剧界诸多名家赴京和她一起演出，成为晋剧人的一大幸事，既在中央首长面前展示了郭兰英本人恪守传

郭兰英1961年在北京怀仁堂演出晋剧《坐楼杀惜》

统的深厚功力，又向观众介绍了三晋戏曲艺术的魅力和同行们的实力。

《演唱艺术家郭兰英》的作者刘大海是采访过郭兰英本人的，他在书中这样描写：

> 在《坐楼杀惜》中，她扮演阎婆惜。其中有一个场面：郭兰英扮演的阎婆惜一纵身，敏捷地跳坐在一张桌子上，动作十分干净利落。台下观众不由得发出一片赞叹声。周总理高兴地哈哈大笑起来。
>
> 演出结束，周总理接见她的时候，夸她道："兰英，没想到，你还真有一手。"[10]

【注释】

[1] 杨先让谈郭兰英，2017 年 10 月 13 日，北京家中。

[2] 金紫光：《谈新歌剧〈春雷〉》，《戏剧报》1959 年第 19 期。

[3] [4] [5] [6] 郭兰英访谈，2017 年 6 月 24 日，中国音乐学院西楼 607 室。

[7] 郭兰英访谈，2017 年 4 月 29 日，中国音乐学院大学生活动中心。

[8]《郭兰英艺术生涯六十年》，中国唱片总公司 1994 年 8 月，第 31 页。

[9] 刘巨才谈郭兰英，2017 年 9 月 29 日，太原家中。

[10] 刘大海：《演唱艺术家郭兰英》，中国文联出版公司 1986 年版，第 181 页。

第十三章

恨山仇海　个人办会

1962年是毛泽东《在延安文艺座谈会上的讲话》发表二十周年。拿什么纪念呢？当然是在延安诞生的歌剧《白毛女》。于是原班人马复排，郭兰英、王昆领衔主演，舒强导演。这时候，经过了几年的摸索，大家积累了新的创作经验，觉得第五幕偏弱。贺敬之的原话是“觉得原来还不够，要更发挥一些”[1]。郭兰英说：“原来这儿是另外一种唱法，什么‘大风大雪吹得怎么样’，那个调太戏曲化，很明显，断断续续地不够完整，就去掉了。”

这样，还是请贺敬之重新写词。贺敬之回忆说：“是我写的，丁毅同志不在北京，也没有跟他商量。这两段词曲单独在《文汇报》上发表了的，新增加的。”[2]

恨似高山仇似海，路断星灭我等待。
冤魂不散我人不死，雷暴雨翻天我又来。
闪电哪快撕开黑云头，响雷啊你劈开天河口。
你可知道我有千重恨，你可记得我有万重仇。
山洞里苦熬三年整，我受苦受罪白了头。

我吃的是树上的野果、庙里的供献，
苦撑苦熬天天盼，老天爷睁眼，我要报仇！

马可接到作曲任务，把郭兰英叫过来了，可以说，两人一起完成了创作。郭兰英说："我是跟马可同志一块儿写的，主要是他写，我在那里唱。我唱了一会儿山西梆子，一会儿评剧，一会儿河北梆子，一会儿京剧，还有民歌……"喜儿下山到奶奶庙拿供献就加了《恨似高山仇似海》，成为最后定版。郭兰英回忆说：

大夏天的，马可同志光着膀子，流着汗，拿着一块手巾，腿上铺着纸，坐着一个中间是布条的马扎儿。他一边写，我一边唱，挺感人的。

写完了，1962年就正式演出，唱得非常好，观众也很喜欢，就保留下来了。最后定本的时候，《白毛女》加了这段。[3]

杨先让木刻：恨似高山仇似海

演出在北京天桥剧场，周总理亲临观看演出。演完了，周总理把贺敬之等几个人叫到休息室，通知音乐指挥也到场。贺敬之回忆说：

> 周总理讲，这个剧场可能有问题，楼上楼下我换了几个地方，听不清楚台词，也听不清楚唱词。只能在一个很小的范围里才能听得比较清楚。什么原因呢？因为加的交响乐声音太大，如同增加了一道墙，叫“音墙”，妨碍了效果。最好不要这样。我在延安看的时候，不是这样的，跟观众很靠近。
>
> 我们传统，特别是戏曲，哪有什么麦克风之类？多远的距离都能送到观众耳朵里。郭兰英、王昆当年唱的时候不存在这个问题。[4]

剧院音响问题别人解决，郭兰英只管台上的事情。她根据喜儿的感情，体会仇恨，一定是内在的东西，在张嘴之前脑子里全都想象的是“仇恨”。三年受的苦，受的罪，所有的怨气和深仇大恨，都在这一刻爆发。不是哭腔，是痛斥，所以不能哭哭啼啼。自己唱出最强大的力量，让观众哭，喜儿不哭。

郭兰英的体会是，唱《恨似高山仇似海》，必要咬着牙唱，不是用嘴唇唱。本来可以唱成“恨似（sì）高山仇似（sì）海”，但郭兰英觉得发音为“似（sì）”的话，咬不住，没有力量，所以，就发音为“似（shì）”。

她在谈创作心得时，这样说：

第一句：“恨”，咬住了，弹出去；“仇”，咬着牙唱；“海”，使劲咬着牙。舌尖使劲顶着前头的牙齿，使劲推出去。

第二句：“冤魂不散我人不死”，“死”字吐出来，咬着牙唱。“雷暴雨翻天我又来”，“雷”字直接出来，“我”字说清楚，不要唱字头，“又来”俩字要唱出来。雷在哪里？指着天，“雷”字向上滑一点点就行，是为了说出这个字，要不就滑稽了。

第三句：“劈”字不能有一点温柔，一个一个字像铁锤一样打出来，咬着牙，不是欣赏，是仇恨。“口”不能唱成“欧”，每一字都要砸出去，不要吃了。

第四句，“你可知道我有千重恨，你可记得我有万重仇”，一个一个打出来，连起来，不要断。打出去，换气。

第五句：“山洞里苦熬三年整”，咬住，牙齿不要松开；“我受苦受罪”，跺着脚；“白了头”，要哭出来。潜台词是“我掐死你这个仇人”，千万不要拼命地唱，把这个意思交代给观众。“白了头”，换气，跟情绪一样的，最后要收回来。

郭兰英生活照

"白……"要很强拖音，要把观众的眼泪全都给唱出来，看着头发，白的，然后唱"了头"。唱"头"字拖音的时候，张那么大嘴就变音了。

最后一句："老天爷睁眼"，"眼"字啃住。"我要报仇"，不要太长。"仇"，不动。到后边不换气。"报仇"，没多少拐弯，悄悄换气，干净利落。

如果是用唱《清粼粼的水来蓝莹莹的天》唱这个，那观众非拿砖头砸来不行。[5]

与郭兰英合作演出的柳石明曾给黄华丽讲过："郭兰英演《白毛女》跟别人不一样，是最棒的一个；她唱《恨似高山仇似海》，白衣服一换，舞台灯一变，她的手'唰'地举起来，把别人全震了。"[6]

郭兰英说：

在演唱《白毛女》"恨似高山仇似海"时，我把手型设计成像猴爪子一样微曲着，这是为什么呢？因为我真的跟着革命队伍在张家口爬过险峻的山，山上根本没有路，手必须牢牢地抓住岩石、树藤才能攀登。而我们有些演员没有这个经历，或者没有注意这种细节，在演唱时，手型就不会刻意保持微曲、有力的状态，就脱离了真实的人物形象。[7]

郭兰英在歌剧《春雷》中饰满妹子

在扮演过的无数角色里，郭兰英最喜欢“白毛女”。她不止一次说，演这个戏“过瘾”。虽然像《小二黑结婚》《刘胡兰》《窦娥冤》《红霞》她也喜欢，但都没超过《白毛女》。在走进《白毛女》的十多年时间里，郭兰英每一次接触《白毛女》都感觉像第一次接触那样新鲜，那样动人。她不断地向剧本深处挖掘，都能不断地发掘出新东西。

1962 年重排《白毛女》，舒强导演感觉郭兰英的感情好像没有原先那样饱满了。郭兰英当即反思：“我检查了自己，这些年虽然在技术、技巧方面有了一点进步，但是，革命的阶级感情的确有些减退，所以，演出《白毛女》这样的戏，在演唱的技术上虽比过去圆熟一些，但不那么打动人了。”[8]

所以，加入新唱段《恨似高山仇似海》，能提醒演员更加坚定地把经典传承下去，让经典焕发青春。在演出设施更为先进的时候，演员的情感不能撤下去。如果各种条件好了，演员却不如从前了，那怎么向观众交代？

郭兰英说：

这些年来，我们比较注重技术水平的提高，这是很必要的。作为歌剧演员，没有训练有素的好嗓子，没有运用自如的表演和歌唱的方法，自然是不行的。但是，提高了演唱的技术和技巧，它的目的还是为了要准确、鲜明地表现人物的思想感情，表现人物的性格，这些地方，我们有时有些忽视……

在今天纪念毛主席《在延安文艺座谈会上的讲话》发表二十周年的时候，我重新温习了毛主席的著作，觉得仍然很新鲜，主席希望我们深入生活，改造思想，让感情来一个彻底的变化，所有这些我都做得很差。思想感情的改造，这对于我们仍然是一个长远的、重要的课题，我愿意今后继续努力，永远做一个真正的革命的文艺工作者，才不辜负党和人民的培养和教导。[9]

后来，郭兰英在人生最好的年纪办了一场个人独唱音乐会。中央歌剧舞剧院正好有别的演出任务，郭兰英就找到中国人民解放军海军政治部文工团协助演出。部队文艺工作者听说和明星郭兰英合作，都非常开心，以最大的热情给予支持。

演唱会分四个篇章，郭兰英自己选定曲目。

第一篇章，是创作歌曲篇，以最鲜明的时代印痕，唱颂了 20 世纪 40 年代到 60 年代初新中国火热的生活。作品有《毛主席来到咱农庄》《南泥湾》《妇女自由歌》《社员都是向阳花》《八月十五月儿明》等。《南泥湾》和《妇女自由歌》是比较早的作品，《毛主席来到咱农庄》唱的是 1958 年毛主席视察四川省郫县红光社的故事，郭兰英将这首歌唱红全国。《社员都是向阳花》表达的是 20 世纪 60 年代农民战胜灾害走社会主义道路的信心。《八月十五月儿明》是歌剧《雷锋》中的一首歌曲，以一件小事概括雷锋的成长经历，经郭兰英演唱而成为经典。所有作品，唱颂自由生活，唱颂生产劳动，唱颂全新信念，唱颂持一样信念的劳动楷模，更唱颂伟大的领袖。这就是郭兰英对第一篇章的设计。

第二篇章，是民间艺术篇，以山西、河南、河北三种梆子片段为主，加上东北民歌《大庆子》，展现的是传统艺术的无穷魅力，这在文化传承上是非常重要的。

第三篇章，是歌剧选段篇，都是郭兰英主演过的歌剧中的片段。《红珊瑚》《小二黑结婚》《窦娥冤》，最后以《白毛女》中《恨似高山仇似海》结束。

郭兰英在“郭兰英独唱音乐会”上演唱

1963 年 10 月 22 日，“郭

兰英独唱音乐会”在北京音乐厅隆重举行，开创了中国民族声乐艺术家举办个人演唱会的先河。三天后，《光明日报》发表了题为“郭兰英举行首次独唱音乐会”的报道。报道说：

> 首都的音乐爱好者们在22、23日两天晚上欣赏了他们渴望已久的郭兰英的首次独唱表演。这两天晚上，除了在剧场里参加音乐会的两千多位听众以外，还有数以万计的人在收音机和电视机前欣赏了郭兰英的具有浓郁民族特色的演唱。
>
> 离演出还有一个小时，就有许多工人、战士、干部、学生、大学教授和艺术家们赶到剧场。尽管全部入场券早在两天以前就销售一空，可是每场演出前还有上百观众守候在剧场四周，希望等到一张退票。
>
> 这次音乐会的舞台美术设计、乐队和服装都具有浓厚的民族民间色彩。天幕上高悬着一幅大型的彩色剪纸“牧童短笛”图。乐队按照我国传统，设在舞台上面。伴奏的乐师们演奏的是二胡、板胡、笙、笛、琵琶、梆子、扬琴等十多种民族乐器。在掌声中，郭兰英穿着一身浅蓝色的农村姑娘喜爱的新装，微笑着出现在舞台上。
>
> ……
>
> 著名音乐家李焕之在音乐会后对记者说：郭兰英之

所以受到广大群众欢迎，是因为她在党的长期培养下，努力反映现代人民的斗争生活和现代人民的思想感情，又对运用中国传统演唱艺术下了深厚的功夫。她通过向民族民间演唱家学习，不断扩展演唱领域，使她表演的内容越来越丰富。郭兰英的歌声十分优美动听，因为她善于用刚强、柔和、深沉、甜润、清亮等不同的音色，来表达不同的感情。

音乐厅演出，广播电台和电视台现场直播了演出盛况。当时广播已经较为普及，而电视刚刚在中国诞生几年，电视机只有一万台。所以，电视观众的数量不会很大。不过，音乐厅内、厅外都能同步欣赏，这确实开创了中国表演艺术传播方式的先河！

郭兰英在“郭兰英独唱音乐会”上演唱

1958年考入中央音乐学院作曲系的王世光，1963年9月正式走向工作岗位，还没发工资。

他记得当时一个大学生一个月的伙食费是12元钱，他花了3元钱，买票看的“郭兰英独唱音乐会”。掏钱看演出，给年轻的王世光以极深的印象。他说：

> 在她那里，你欣赏的时候感觉是行云流水，艺术上的完整性让你折服。
>
> 当然，作为一个欣赏者来讲，至于用什么词评论都是以后的事情。现场欣赏是对文本的欣赏，而不是批评，完全是感情投入到她的歌唱当中去。
>
> 大学毕业以后，我喜爱的程度大概就是这样。难得的机会，那真是叫太好了。
>
> 郭兰英的艺术，一般人比不了。艺术就是人生啊！艺术呈现在舞台上的一点一滴，是终身的积累，积累的集中迸发。当然，我们不好简单地表述为哪个主题是对应她的哪段生活，但是倾倒出来的这一杯酒，是她酝酿、沉淀了多少年才会有的这个香气，是综合的结果。
>
> 从这点上讲，历史上有成就的艺术家是不可重复、不可替代的；空前的，也是绝后的。她的扮相的靓丽度或许有人可以超越，尽管她已经太漂亮了，很难超越了；后人在声腔的嗓门上可能比她大。但是，后人永远不可以替代她。就是这样。[10]

【注释】

［1］［2］［4］贺敬之谈郭兰英，2017 年 6 月 12 日，北京木樨地寓所。

［3］郭兰英访谈，2017 年 4 月 29 日，中国音乐学院大学生活动中心。

［5］郭兰英课堂实录，2017 年 4 月 14 日，中国音乐学院。

［6］黄华丽谈郭兰英，2017 年 5 月 10 日，中国音乐学院国音堂大厅。

［7］2017 年 5 月 11 日《中国文化报》。

［8］［9］郭兰英：《革命艺术对我的影响》，载《戏剧报》1962 年第 6 期。

［10］王世光谈郭兰英，2017 年 9 月 21 日，中国音乐学院小花园。

第十四章

家乡风光　花篮花香

山西“山药蛋派”著名作家马烽和长春电影制片厂著名导演苏里合作的《我们村里的年轻人》1959 年上映后成了经典，接着苏里导演的《刘三姐》更是风靡一时。

马烽，1922 年出生在山西孝义；苏里，1919 年出生在安徽当涂。因为《我们村里的年轻人》的成功，二人决定再次合作《我们村里的年轻人（续集）》。

里面有个插曲，叫《幸福不会从天降》，不错。但是导演希望续集插曲更好一些，专门请著名的词作家乔羽来写词。乔羽写的歌词是：

人说山西好风光，地肥水美五谷香。
左手一指太行山，右手一指是吕梁。
站在那高处望上一望，你看那汾河的水呀，
哗啦啦啦流过我的小村旁。
杏花村里开杏花，儿女正当好年华。
男儿不怕千般苦，女儿能绣万种花。
人有那志气永不老，你看那白发的婆婆，

挺起那腰板也像十七八。

那么词作家是怎么构思的呢？乔羽曾回忆说：

本来山西我几乎跑遍了，很熟悉。因为是给电影写的，我又去了。剧本中并没有说故事发生在山西，我在歌中指名歌唱山西。写了“人说山西好风光，地肥水美五谷香”，这两句一般化，到第三句转了，“左手一指太行山，右手一指是吕梁”。这跑不了是山西了。意境虽然宏大，但不够亲切，所以写下去是“站在那高处望上一望,你看那汾河的水呀,哗啦啦啦流过我的小村旁”，汾河是一条贯穿山西的河，两岸最肥沃。在这里我又把自己说上了。“一条大河”里我也写上自己，你说这条

郭兰英在田头为乡亲们演唱

河好是别人的还不够，“我家就在岸上住，听惯了艄公的号子，看惯了船上的白帆”。我眼里的河是什么？我的耳朵里这河是什么声音？我得写我自己的感受，把它拉到近景上，由太行、吕梁拉到我住的那个小村庄，把这些年我对山西的整个理解、感情，用这种方式表达出来。

作曲张棣昌是广东人，几年前就随电影《我们村里的年轻人》摄制组到过山西，在郭兰英的家乡汾河一带采风，了解山西民间音乐的风格样式。这一次，为了《人说山西好风光》，他更加专注地研究山西音乐，完成了连山西人都无法挑剔的作品。

郭兰英没有看到电影，因为是电影放映前录的音。长影工作人员到北京来找乔羽录，他们就在西堂子胡同的院里录好了。这首歌出现在电影第 45 分钟左右，非常漂亮的汾河两岸，女主角在电线杆上工作。电影放映后，郭兰英“只看到一个女的在那儿接电线，别的都不知道，整个剧情也都不知道”。她说：“无所谓，让我唱什么我就唱什么。”

那时，没有稿费，什么都没有。她说：“到现在我也没有得到过一分钱。”人家请她看电影，她还没有时间。她说：“好不容易休息那么一两天，都是睡大觉，也不出去逛大街，不感兴趣。睡醒了起来就是吃饭，吃完了饭自己想戏。”[1]

笔　者：虽然没有多少想头，但是演唱《人说山西好风光》是什么感受？

郭兰英：平时人们谁不说："哎，这个地方风光挺好的！"乔羽不这样说，他是听说的，人人都说，你看这词就跟别人不一样吧？我一想"好风光"，那么，哪些算是好风光啊？可是乔羽偏不说风光，一下子落到生活当中："地肥水美五谷香。"正在吃喝当中，突然"左手一指太行山，右手一指是吕梁"，谁能写出来？我没有想到第二个人能写出来。我一唱这个歌，心里头热乎乎的，脑子里的潜台词多得不得了，但是又说不清楚，只有用歌声来表现。

"站在那高处望上一望，你看那汾河的水"，特别伟大，

郭兰英为群众歌唱

而且大方、开阔。每次唱这首歌我都想掉眼泪。一唱，我整个显得高大得不得了。

笔　者：你们香乐村不就是在汾河边上吗？

郭兰英：是啊。就把自己放到环境中，在山的中间唱这首歌。

笔　者：您从小看见的就是太行山和吕梁山！

郭兰英：但是不知道哪座是太行，哪座是吕梁，也没问过。唱这个歌的时候已经知道了，不过也是模糊的。但我是站在这两座山的中间放声歌唱的。有一次，真在两座山中间演出，我体会到了，但记不得是哪个村了。截止到现在，我都没有正式确定哪个是太行哪个是吕梁。但是我唱的时候完全有这种想象力。

笔　者：就是山河都在心中的这种感觉。

郭兰英：就是就是。[2]

1964年7月20日，中宣部、文化部、对外文委开会研究“庆祝建国十五周年演出”事宜，周巍峙就提出：两个月前在“上海之春”音乐节上有几部作品，空政文工团《革命历史歌曲表演唱》、中央歌舞团《大刀进行曲》，还有《飞夺泸定桥》《送红军》以及大量抗日战争和解放战争时期产生的创作歌曲和新民歌，在这些作品的基础上完善提高，可以创作一部表现革命历史的“大歌舞”。这个建议得到了大家的一致认可，经讨论，演出一定要有部队文工团参加，军民合作，中央和地方合作。这就是大型音乐舞蹈史诗《东方红》的由来。

《东方红》策划的时候，郭兰英不在国内，由她唱红的《南泥湾》也不是独唱歌曲。她学会这首歌的时候还是很早以前。那时她带着小秧歌《夫妻识字》《兄妹开荒》《王大娘赶集》到处宣传，还演出合唱歌曲《南泥湾》和《大生产》。《南泥湾》本身是合唱，没有独唱。郭兰英回忆说：

> 1964 年排《东方红》，周总理就把有些合唱给摘出来，比如《大生产》。其中《南泥湾》摘出来后就说：“这个歌干脆在这里边单独唱吧！”
>
> 我当时没在国内，周总理说：“让她回来吧，回来

郭兰英 1964 年在《东方红》大歌舞中演唱《南泥湾》

参加这个演出。”等我回来见到总理，他说：“兰英啊，你到大会堂三楼，你到那儿看一看。”我就去看。那时候年轻，看完了，有点傲气，就说：“这没问题，比我演歌剧简单多了，拿着花篮一亮相，这不就唱了吗？”

总理说：“兰英，你能走一遍吗？”

我说：“没问题。”

结果一上去，拿着花篮，得，就这样了。有人就问：“你当时唱的时候怎么想？”我说：“没想什么。部队的口头语就是服从命令、听指挥，让干什么干什么。就这样，没想什么。”[3]

1964年10月2日，大型音乐舞蹈史诗《东方红》在人民大会堂首演，毛泽东、刘少奇、周恩来等党和国家领导人观看。3000多人的演出阵容，无数名家参与，气势恢宏，一时传为经典。

杨先让看《东方红》是郭兰英弄的票，从人民大会堂西门进去。他印象中，气势磅礴的整台演出都是苦难和枪林弹雨，只有郭兰英的花篮，像一块宝石般色彩夺目。郭兰英身穿玫瑰红上衣，配着深绿色裤子和黑底绣花围裙，梳一条长辫，手托花篮，边舞边唱，充满了典型的民间色彩和情调，再有黄土高原背景衬托，十分优美动人。

杨先让说：

杨先让说起老朋友郭兰英就滔滔不绝

郭兰英的演唱艺术完全是借歌抒情。她吐字特别清楚，为了强化“情”和抑扬顿挫的旋律，咬个别字到达狠的地步。她又有着民族戏曲和民歌的深厚根基，不只发声和形体自幼受到严格训练，其功夫到了入化的程度。因而她在新歌剧的演唱时，能获得恰到好处的结合，一出手一抬足、一举目一身段都可以融化在所要演唱的情感之中，被极精练地应用着，完全不同于西方歌唱家的舞台作风。只要她一出场，众目集中，她在演唱时，观众被她的声、貌、形体、手势等抓得紧紧的，目不转睛地跟着她转。有时她演唱一个歌，双手直垂没有一个手势，全凭唱腔的魅力，依然感人。

北京天安门前人民大会堂，舞台高又大。记得50年代末60年代初，梅兰芳演出《穆桂英挂帅》，出场时，不知敲了多少遍锣鼓点方才走到台前中央亮相。而郭兰英身材本来就不高，独唱时常是短裤袄打扮，她的出场反而半低着头走到台中央，偌大一个舞台上站着她一人，小乐队离她一旁远远的，只要乐声一奏，她一开唱，人们便会感到郭兰英放大了，把个大舞台占得满满的，这不是魔术而是艺术超人的魅力。[4]

【注释】

［1］［2］郭兰英访谈，2017年6月3日，中国音乐学院西楼607室。

［3］见凤凰卫视《鲁豫有约》。

［4］杨先让：《三人行》，广西师范大学出版社2016年版，第126~127页。

第十五章

劫后悲欣　唱哭中国

毛泽东在《七律·到韶山》中“为有牺牲多壮志，敢教日月换新天”两句非常豪气的诗句，反映了在20世纪中叶，他希望中国人呈现出“战天斗地”气派的豪迈境界。20世纪60年代，毛泽东提出“农业学大寨”，将一个太行山里的小村庄，推举成全国人民与天地斗的榜样。

大寨在山西，山西怎样办？作家马烽因写了《我们村里的年轻人》而大获成功，宣传大寨的电影，便自然而然地让马烽完成。这就是1976年上映的彩色故事片《山花》。

山西的事，电影插曲又看中了郭兰英。歌词是梁拉成和吕致清写的，作曲是八一电影制片厂的平遥籍作曲家巩志伟，他的一首《送别》非常流行。而这时，完成的《敢教日月换新天》是：

一道清河水一座虎头山，大寨那个就在这山下边。

七沟八梁一面坡，层层梯田平展展，层层那个梯田平展展。

牛羊胖乎乎新房齐崭崭，炕上花被窝囤里粮冒尖。

银光满屋喜气多，社员梦里笑声甜笑声甜。

一朵红花开百里光闪闪，陈永贵是大寨的好领班。

铁手磨光金锄把，汗水洒满了块块田，汗水那个洒满块块田。

年年新套套步步夺丰产，怀揣社员心眼向全国看。

依靠贫下中农掌大印，永不褪色的好党员好党员。

一条阳关道万马奔向前，这就是大寨的英雄汉。

扁担挑走烂石坡，镢头开出米粮川，镢头那个开出米粮川。

困难一层层歌声一串串，冰天造大坝雪地移高山。

哪怕灾害有千万，敢教日月换新天，换新天，换新天。

郭兰英画作《梅雀》

这“韵”完全是郭兰英演唱最舒服和最拿手的。每句最后一个的“字尾”部分，郭兰英加一个小小的、不易察觉的山西习惯说法，就成了她自己的“味儿”。

郭兰英记得,巩志伟是个好人,两个平遥老乡,来往还可以。[1]

这首歌通过电影《山花》走向了全国，虽然郭兰英演唱得非常好，但那个时代马上就要过去了。

1976年10月,郭兰英参加演出。她在演唱《绣金匾》时,临时改了词，轰动了现场，唱哭了中国。

郭兰英：原来的歌词是“三绣解放军，坚决打敌人，消灭反动派，全国享安宁”。我临时改的。第一个绣毛主席了，第二个绣总司令了，三绣解放军当然也可以唱。那天，排练完了在汽车上坐着，我突然想到这个词，晚上我就唱自己的词了：“三绣周总理，人民的好总理，鞠躬尽瘁为革命，我们热爱你。”

笔　者：没有提前和大家说，您自己在台上就直接唱了？

郭兰英：嗯。跟别人没关系。这是民歌，有人说是山西民歌，有人说是陕北的，还有人说冼星海《黄河大合唱》时代就有这个歌。我是参加革命以后知道这首歌的，大家唱我也唱。这时正好纪念总理去世，我就把这个歌作为主唱了。[2]

有文章说：“这歌声和她的泪雨融为一体，催人泪下；这歌声和她的心声融为一体，感人至深。她的演唱，在全国引起了空前的轰动。一时间，街头巷尾，到处是人们传唱《绣金匾》的歌声。”[3]

之前部署的几个团，多年后已被合并成了“中国歌剧团”。这时候，总体负责人是原中央乐团的创建人、老团长李凌。李凌 1913 年出生在广东台山，曾到过延安，又返回重庆开创“新音乐运动”，是卓有成就的音乐活动家。他后来恢复工作来到了“中国歌剧团”，成了郭兰英的直接领导。

李凌说：

> 1977 年，中国歌剧团郭兰英所在的那个歌剧队，属于正式编制的，平均年龄已达 43 岁，新收来的一些

郭兰英演唱《绣金匾》

学员，也不知怎样教学，只好自流地在捉摸。有不少过去参加的男演员，由于无法可循，就向洋唱法请教。郭兰英自己呢，已年近五十，李波年龄还要大些，虽然她们还能唱能演（郭兰英的声音魅力依然不减当年），但不能只有一个A角，没有接班人。只好借调上海京剧团的李元华和河北梆子剧团的刘玉玲来担任《白毛女》中喜儿的B角。

我问起这个歌剧队过去训练的情况，都说过去根本没有比较完整的教学体系，没有规格，总的一句话，没有人认真来抓，也就是说对于民族歌剧的生命攸关的大问题，是任其自流地发展。结果招了两次新学员（第一批十三人，第二批九人），只留下三人（成活率不到十分之二），还没有一个能胜任二、三流配角。因此有人建议，索性把年轻学员送到别的戏曲学校，采取“鸡孵鸭子”的办法，也许是个出路。[4]

“郭兰英声乐训练班”受到质疑没有坚持下去，马可建立中国民族声乐教育体系的愿望也落了空。李凌和大家决定恢复排演的第一个戏，选择了《白毛女》。这时候，饰演“喜儿”的郭兰英已经48岁了，人生经历的所有喜悦、悲伤、感慨，都融在《白毛女》里。她再次唱起“红头绳”的时候，喜悦里多了第二次解放的感慨；再次唱起“恨似高山”的时候，愤怒里多了很多新情感。

李凌说：

音乐活动家李凌

> 郭兰英虽年近五十，但她的歌唱依然音色明亮、行腔婉转，极富感染力。艺术处理也较细致、老练。
>
> 她的歌唱，情感真挚、声音嘹亮、咬字清楚、语法讲究、行腔自然、韵味浓厚，极富民族色彩。她的《白毛女》中的《北风吹》，唱得亲切、优美，而在杨白劳死时和以后出走的段落，则唱得深沉、有力，层次分明，声音幅围比较广阔，演唱每每随情变幻，很是激动人心。[5]

可是，当时中国民族歌剧表演界，郭兰英之外，再无更多人才可用。李凌说："想到民族新歌剧艺术从王昆、李波等人开始创演《白毛女》，到今已有三十余年，而今竟然到处借人才能过日子，实在不是滋味。"

李凌的"不是滋味"是个什么滋味？那就是在民族化的呼声里，整体社会一味求"洋"。"民族声乐"和"民族歌剧表演”实际萎缩了，而不是发展了，尤其是后备人才储备上，几乎是零。

借来的刘玉玲和李元华都是 1947 年生人，前者 11 岁学习河北梆子，主攻青衣、闺门旦；后者早年在上海戏曲学校主攻京剧梅派青衣。她俩比郭兰英小 18 岁，和郭兰英一起演出，是晚一辈的喜儿，郭兰英称她俩是“第三代喜儿”。郭兰英说：“李元华是上海京剧院的，曾经在样板戏里面演配角，我看中了她，正好没有人，我人变胖了，肚子都出来了，演不了。上海叫来李元华，从河北梆子剧团找来刘玉玲，她俩演喜儿，我教的。舒强坐阵，我来导演。”[6]

> 刘玉玲原先是一个河北梆子剧团的戏曲演员，论声音，她经过许多年戏曲基本功的严格训练。她也喜欢演唱一般民族风格浓厚的歌曲。去年中国歌剧团借她参加新歌剧《白毛女》的演出。她和李元华一同担任喜儿。由于有过演唱一般歌曲的经验，因此较快就能掌握新歌剧所要求的声音和表现方法，并受到观众的喜爱。[7]

> 李元华的音质，最初比较嘹亮、甜润，但不够清脆，音质较软。毕业后，肺有了毛病，发高音就更感到力量不足，声音的明亮度受到影响。她认为《白毛女》的喜儿的后段，郭兰英唱得比较有劲。[8]

郭兰英（左）为刘玉玲传授扮演喜儿的心得体会

郭兰英（左）为李元华传授扮演喜儿的心得体会

年轻一代演员的喜儿，公认没有超过郭兰英。郭兰英认为自己是“舒强同志手把手教的，当然不一样了”。那郭兰英为什么不手把手教刘玉玲和李元华呢？实际上，她细心地教了，而且 1977 年舒强还能为年轻人排戏。年轻一代演员无法超越郭兰英，为什么呢？

郭兰英：刘玉玲是唱河北梆子的，我是唱山西梆子的，我一说她就明白。李元华不一样，她有点洋范儿。关键她认为新歌剧应该是洋的，往那边去的，结果她搞错了。后来我就说不是那么回事，跟咱们戏曲基本上差不多，只不过有的地方不是兰花手，你说是不是啊？这两个人都挺好的。

笔　者：您手把手教人家两个，不教得超过您？

郭兰英：我把所有舒强同志说的一些事情都给她们说了，不会保留的。我特别希望她们能够超过我，这是心里话。可我再怎么使劲，有的年轻人哪怕能够做到我想象的十分之一也好。但她一唱就注意头腔共鸣、胸腔共鸣。唱之前总是“嗯、啊、呃……”每一个学生都这样，主要怕声音出不来，考虑的就是声音，不考虑到人物。这点，我从舒强同志那儿学到了，他也承认。

笔　者：舒强在书里写了，几个喜儿的扮演者数您最好。

郭兰英：因为我有戏曲底子，对演新歌剧非常有好处。他一说，我就能理解。你要感动观众，你自己首先要感动。自己不感动，怎么感动别人？刘玉玲、李元华算好的，确实算好的。为什么好？因为我们演歌剧的，一上舞台就是这个人物角色。[9]

年轻作曲家王世光分配到歌剧院为《白毛女》重新配器，这样他有机会看戏。连续看了八场郭兰英的演出，他就“对郭兰英的表演非常地入迷了”。

笔　者：为什么郭兰英天天演，B角不演？

王世光：因为通过郭兰英的演出，再配器推出B角：李元华和刘玉玲。在郭兰英唱的时候，我要非常熟悉这个戏。配器，对我来讲，应该把舞台上的所有细节、演唱和乐队的关系关照得非常严谨。在观众席看，在乐池里看，感觉她的声音和乐队之间的关系，等等。

郭兰英（左）、王昆（中）和李元华（右）

笔　者： 烦不烦?

王世光： 不烦。一个真正的艺术精品，人不会（对其）烦的。而且，每一次看都会有新的领悟，就像读古典名篇名作，读一遍就又发现了你过去没发现的感受。另外，我对郭兰英非常喜欢，她的艺术具有无穷的魅力。她的唱，体现出她对音乐细节层次精准到位的把握。就个人发挥而言，她的艺术高度别人无法企及。她从旧艺人成为新中国的艺术家，内心是什么情感？她所处的年代和后来80年代小青年对《白毛女》的体验能一样吗？她所受的压迫和剥削，后人能演出来吗？[10]

进入拨乱反正“新时期”，郭兰英焕发了青春。1980年，她回山西拍摄晋剧电视片《金水桥》，捡拾曾经的瑰丽。在剧中饰演西宫的冀萍，这次与郭兰英有了更多的合作。

冀萍回忆说：

她二十年没搞晋剧了，她和我说：“没有以前那么熟练了，台步啊，手指呀，有点生疏。你能不能每天早点来，我走走你看，当个小先生？”我说：“可以啊。”这样，剧组九点集合，我八点半就到宾馆楼上或者休息室看她走。她说，道白也忘了，开口都是普通话了。我就给她示范。至于对不对，由她定夺。她说：“挺好，我就叫你冀师父吧！”我说：“怎敢啊！”[11]

冀萍感觉到，这时的郭兰英确实有大师风范了，而不仅仅是歌唱明星。而《金水桥》通过山西电视台反复播出，轰动了三晋大地。这部片子，为没有机会领略郭兰英晋剧舞台上风采的山西人，补了一课。新生代晋剧迷们终于明白了郭兰英确实是“戏歌两栖”的顶级大腕。

郭兰英（左）与马玉楼演绎晋剧名剧《金水桥》

【注释】

［1］［2］郭兰英访谈，2017 年 6 月 3 日，中国音乐学院。

［3］杨继先、张恒宝：《郭兰英情系张家口》，载《山西文史资料》1999 年第 5 期。

［4］李凌：《音乐流花》，山西人民出版社 1989 年版，第 373~374 页。

［5］李凌：《音乐流花》，山西人民出版社 1989 年版，第 316 页。

［6］郭兰英访谈，2017 年 5 月 11 日，中国音乐学院西楼 607 室。

［7］李凌：《音乐流花》，山西人民出版社 1989 年版，第 396 页。

［8］李凌：《音乐流花》，山西人民出版社 1989 年版，第 379 页。

［9］郭兰英访谈，2017 年 9 月 21 日，中国音乐学院西楼 607 室。

［10］王世光谈郭兰英，2017 年 9 月 21 日，中国音乐学院小花园。

［11］冀萍谈郭兰英，2017 年 8 月 13 日，太原寓所。

第十六章 别时掉泪 办学还愿

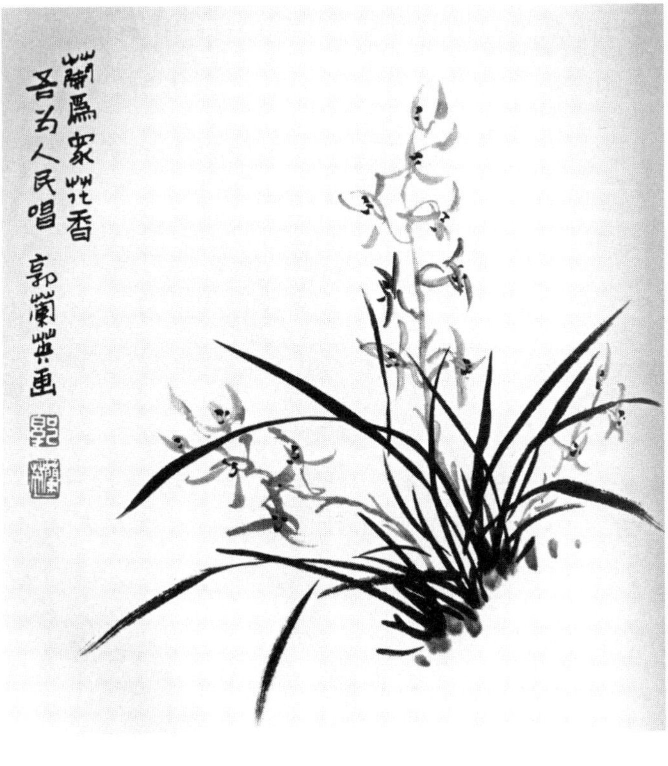

郭兰英属于舞台，但郭兰英身体发胖了。虽然只有四十来岁，但一样面临着因年龄增长，要把舞台让给年轻演员的问题。郭兰英知道，自己的黄金时代已经过去，是需要总结的时候了。她在人生转型面前思考多于犹豫，只要决定了，就坚决去落实。

郭兰英：不能演戏，我就决定告别舞台了。在演出《白毛女》的时候，观众也有反映，我就产生了退下来的念头。年龄也四十多岁了，演十七岁的喜儿，确实不行了，虽然嗓子并没有变。我感觉，这么大岁数了还趴在舞台边上不下来，让人家一脚把我踹下去，我可不当这个。我说我不干，我自觉一点吧，就自动退下来了。52岁，主动告别舞台了。但是观众不允许，还是喜欢看我的戏。所以我也矛盾。

笔　者：那时候痛苦吗？

郭兰英：当然了。一个演员离开舞台，那是自己一辈子的饭碗啊，那是生命啊！思想斗争激烈。人发胖了，年龄不小了还演十几岁的小姑娘，感觉不好意思了。有的戏

郭兰英的老同学乔羽

是没关系，可以演，比如说《窦娥冤》《红云崖》《青山常在》。关键是大家就要看《小二黑结婚》和《白毛女》，这就麻烦了。年轻人演，观众不看，非要看我，怎么办啊？心里头舍不得离开舞台，反复斗争，最后还是下定决心，离开舞台。[1]

1981 年，郭兰英准备以一台歌剧选段演唱会告别舞台的时候，词作家乔羽接过中国歌剧舞剧院院长的担子。乔羽请中央美术学院教授杨先让为郭兰英演出设计节目单，杨先让在节目单封面上放了李苦禅特意为郭兰英画的《兰为王者香》。他用这样清淡的方式，赞颂郭兰英舞台艺术的辉煌成就。

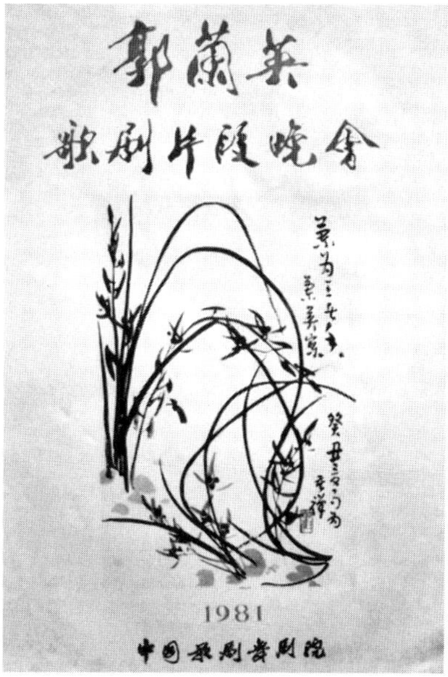

郭兰英歌剧片段晚会节目单

郭兰英告别演出，杨先

郭兰英告别舞台演出记者招待会

让说："我支持，音乐界如何我不管，美术界由我去做，首场演出的舞台布置我参加。"当时北京还没有形成赠送鲜花的条件与风气，杨先让就将他为此征集到的美术作品装裱成条幅，送给郭兰英做永久纪念。他联络在京美术界权威，大家都挥笔支持。演出前一天，杨先让将大画家们的作品交到郭兰英手里时，郭兰英感动得几乎掉泪。

郭兰英舞台告别演唱会开幕那天傍晚，乔羽派车接杨先让去天桥剧场。一见面，乔羽就说："老兄你可来了，那些作品怎么布置？"

杨先让把大幕前上面第一条挂布景的横杆放下来，将美术作品条幅由中间分别向两边排列挂好，然后升上藏起来。演出到中场休息时，画作徐徐降落在幕前，两边灯光一打，辉煌耀目，全场观众为之一振，纷纷涌向前来观赏名家大作。

郭兰英：演出的时候，你可不知道心里头那个舍不得，矛盾啊，痛苦啊。一边演，一边掉眼泪。不是满心欢喜地告别，而是舍不得离开舞台。离开了，你的价值在哪里？下半辈子怎么过？离开了观众，观众看不到我演出怎么办？我这一身的功夫怎么办？

笔　者：演了三场？

郭兰英：不止。群众要求加演，后来数不清了。

笔　者：化妆么？

郭兰英：化。按剧中人物那样化。杨先让先生把所有名家的画全都挂在舞台前边。当时来讲的话，我还是第一。从来没有搞过这个创意。杨先生搞得不错。[2]

这台演出，喜儿、小芹、刘胡兰、窦娥，四个人物由郭兰英一人演出，取得巨大成功。杨先让说："这是个创举，全国也不会有第二个。一个表演艺术家，尤其是女演员，能把握自己，见好就收是十分不容易的，是需要勇气的。可是郭兰英也真是个绝才，此时，嗓子反而又高上去了一个音符。"

一边是告别，一边就酝酿着迎接郭兰英。原来，安波、马可的老部下们，惦记着曾经"创建中国音乐教育体系"的梦想，积极活动恢复中国音乐学院。遗憾的是，安波、马可都去世了，其他人似乎顶不起这层天。老同志们把李凌拉来，主持中国音乐学院复院工作。

安波出任中国音乐学院首任院长

李凌找了上层领导，复院工作进展顺畅了。中国音乐学院一恢复，郭兰英就被李凌请来做兼职教授。李凌在广州的一次活动中发现年轻的部队歌手彭丽媛具有“民族声乐”的演唱潜质，把她请到中国音乐学院学习，由郭兰英亲自授课。

郭兰英：学校在后海恭王府，我每天上课从虎坊路骑自行车来，从南到北穿城而过。

笔　者：街上人们会认出您来吗？

郭兰英：我走的是犄角旮旯。不过，也没关系，认出了打个招呼就过去了。老百姓不像现在，顶多看见了叫声“郭兰英老师”。没有手机照相，也没有追星。

笔　者：在中国音乐学院上了一年课，每天都骑车？

郭兰英：一年多吧。因为我有时候还要演出，来不了。一个礼拜两到三次，两个学生。那时候有形体课，京剧、评剧、说唱、大鼓都有，还有民歌。[3]

山西搞晋剧研究的刘巨才回忆说：“20 世纪 80 年代初，我到中国艺术研究院戏曲研究所查中路秧歌在北京的演出剧目。一天上午在恭王府院里转悠，走到一间教室跟前，听到里头说话，走近一看，是郭兰英老师在教《小二黑结婚》。我进去和郭老师打了个招呼：‘我是山西的，来这儿查资料，待这儿看一看。’她说：‘你看吧看吧。’她们正排小芹上场，唱‘清粼粼的水来……’‘不合适，’郭老师说，‘再来。’反复好几次，给学生指点。她教学很认真，很耐心。”[4]

就在这期间，郭兰英的第二段婚姻破裂了。孟于记得，早在华北文工团时期，大伙撺掇郭兰英与“拉二胡的、个儿矮小”的肖磊结了婚。结果，丈夫有家暴行为，20 世纪 50 年代末，郭兰英的第一段婚姻结束了，并发誓“不再结婚”。可不久，比郭兰英年轻十三岁的笙演奏员方浦东向郭兰英展开爱情攻势，她没有招架住，结婚了。这段姐弟婚姻维持了近二十年。[5]

解除家庭桎梏的郭兰英，更加倾心于教学。歌唱家刘辉记得，1984 年秋天，郭兰英应邀到沈阳音乐学院教《白毛女》近两个月，刘辉担纲出演黄世仁。

1985 年，纪念世界反法西斯胜利四十周年，纪念中国人民抗日战争胜利四十周年，纪念《白毛女》公演四十周年，中国歌剧舞剧院决定复排《白毛女》。这次力邀已经 70 多岁的舒强和 56 岁的郭兰英联袂出山。郭兰英说，这是舒强“最后一次”为她排歌剧《白毛女》。与郭兰英一起饰演喜儿的除了李元华，还有更年轻的万山红。万山红出生于 1959 年，比郭兰英小整整三十岁，但在舞台上郭兰英不输年轻人，她的喜儿依旧最动人。

1986 年，又一次步入婚姻殿堂的郭兰英在丈夫万兆元的支持下，卖掉了北京的全部家当，南下广州番禺创办了一所民族民间艺术学校。郭兰英回忆说，以前就曾有人问她，现在能唱能演，将来年岁大了，想干什么。年轻的郭兰英确实还没有想过。随着时间推移，郭兰英想传艺。

“一到广东，话根本听不懂，但是已经批下来了，怎么办啊？硬着头皮干！”郭兰英说，“不过一说郭兰英艺术学校，广东的领导非常支持，老百姓都挺好的。”在一块地上，从一砖一瓦干起，郭兰英办起了学校。

到了 1993 年夏天，郭兰英的学校已经有了一定规模。杨先让和夫人到广州出差，顺便拜访老朋友，他写道：

郭兰英在学校建筑工地上

郭兰英艺术学校师生合影

太令人吃惊了，她是怎么一砖一瓦平地建起一座座新式的大礼堂、排练厅、阶梯大教室、教学楼、宿舍楼、食堂饭厅、教职员宿舍、招待所以及各种办公室……据说没有要国家一分钱……郭兰英从这里白手起家至今整整七个年头，这简直是奇迹，是全国文艺界独一无二的创举。

在郭兰英校长的主持下，我为全体学员做了一次讲座，又为美术班的学生进行了辅导，剩下的时间就是通过谈天了解他俩的艰难创业。

很多事是可遇而不可求的，人家老万任学校董事长，也神通广大，开设了几个公司，做兰英办学的后盾，并买了昂贵的汽车送给郭兰英。

他告诉我们："兰英苦了一辈子，我要让兰英幸福。有一次，一位领导在北京见了兰英说，兰英大姐，让文化部拨点款给你们吧。我心想文化部穷得出名，怎么会给我们钱，我们自己想办法。"好大的气派，几年不见，郭兰英是变了，变得成熟，她能排除一切干扰，找到这块地方，创办学校培养新的艺术人才，这一步走得太对了。[6]

1994年，是郭兰英从艺六十周年。真快，从1934年只有5岁的心爱登上了晋剧舞台算起，郭兰英献身艺术已60

我的祖国——郭兰英艺术生涯六十年纪念演出

年了。为此，郭兰英重返北京，参加了广电部、文化部、山西省政府为她举办的系列活动。其中最为隆重的是“我的祖国——郭兰英艺术生涯六十年纪念演出”，由著名主持人赵忠祥等主持，老同学乔羽、刘炽、陈强莅临祝贺。马玉涛、王爱爱、邓玉华、苏盛兰、于淑珍、孙丽英、李元华、刘玉玲、彭丽媛、万山红等几代歌唱家演唱郭兰英的作品。随后，乔羽、赵沨、李波、贠恩凤、邓在军等在“郭兰英表演艺术研讨会”上发言，盛赞郭兰英六十年中的杰出贡献。

万兆元在郭兰英从艺六十年系列活动中奔前跑后，结果，回广州不久，当事业正在上升期、郭兰英南方创业的关键时刻，万兆元病了。山西省文化系统老领导郭士星记得，万兆元不能吃饭，没有确定是食道癌，反正是消化不好。郭兰英打听到晋南有位老中医可以治疗，就陪老伴回到山西看病。她们住在太原迎泽宾馆，郭士星差不多天天去看一看。

郭士星回忆说：

> 看了好长时间了，也没有看好。去世前几天，老头突然有了精神，坐起来非要给我们画画。第一幅画，四尺整张，我觉得不错。结果老头不满意，又画了一个六尺整张的。[7]

在治病过程中，郭兰英说起广东的学校缺教师，郭士星推荐了山西民歌方面的刘改鱼和民间舞方面的李明珍，但都因为有事没有成行。成行的是歌手邢丑花。

1997 年，戏曲电视导演李希茂在广州听郭兰英艺术学校一位老师上课，教的是《南泥湾》。刚唱了一段，郭兰英一下推开门进来，进来就发脾气："这是谁唱的？怎么能唱成这样呢？"李希茂觉得也没有唱错，结果郭兰英说："我是怎么唱的？我是怎么教你们的？教你们多少次了？别唱了！"

郭兰英不是批评学生，是直接批评老师。所以，李希茂觉得，那些学生们非常出彩，不光是唱歌，还有民乐。学生们对郭兰英印象特别好，因为她严厉。

在导演李希茂眼里，万兆元去世后，郭兰英非常孤独，于是拼命教学生，极端认真。李希茂说："我看着很难受。"

郭兰英住三层楼的顶层，大概有三分之一的地方是二层的房顶，露天，养了两条狗。狗一见郭兰英回来，都非常高兴。郭兰英每天喂着，老的都十几年了，身体衰老得都趴不到窗户上。郭兰英说："你看这狗可怜，爬不动了，爬半天爬不起来，可怜！"

音乐学家田青记得郭兰英到北京来的时候，接到电话，说广东家里的狗不肯进食。郭兰英就在电话里劝慰狗狗："你想我了呀？听话，好好吃饭啊……"郭兰英说狗狗听她一劝，就真的进食了，因为狗狗能听懂她的话。郭兰英和笔者说："狗除了不会说话，什么都和人一样。我去广州以后养过好

郭兰英和丈夫万兆元在政协礼堂一起作画

多狗，第一个叫宝宝，花花和淘淘是第二、第三个，还有一个静静，还有一个狮子，还有个亮亮……差不多七八十个……”

李希茂联想到郭兰英的处境，说：“郭兰英可怜狗，谁可怜郭兰英？郭兰英老了一个人，孤零零地住在楼上。”郭兰英还养着两只鸟，会唱“北风吹”，会叫“老兆你好”。人都不在了，鸟还在那里叫“老兆你好”。郭兰英站在那里听着，白天好，晚上呢？

实际上，郭兰英给人的永远是“雄赳赳气昂昂”的那股劲儿，走路都是。人们心目中的郭兰英是“铁姑娘”“铁老太太”“老太君”。当地人对她印象挺好，她不管对谁都要求严格，很容易得罪人，但人们也很佩服她这一点。[8]

本来可以把兰花画得很好的郭兰英，却因一次意外摔伤了胳膊，导致右手颤抖，从此不能画画，任凭笔墨荒废。原来，自己养的一只狗跑到了校园，本来狗也不咬人，但郭兰英担心学生怕狗，着急去控制狗，结果摔倒伤到了自己……

2017年，从1987年成立“中国民族民间艺术学校”算起，郭兰英在广东办学整整三十年了。当年十几岁入学的孩子，现在都四十多岁成家立业了。不少人生了孩子，过家庭生活，放弃事业了，不唱了。还有不少到了国外发展。三十年来，从郭兰英艺术学校毕业的学生已数千人，遍布世界各地。而郭兰英在广东三十二年，广东人说话基本还是听不懂。她教的多数是广东学生，普通话学得不好，不能说，只能唱。

三十年了，要庆祝一下。这是学生们提议的，郭兰英说：“可以，你们自己弄，我不管。”在她心里，就是教歌育戏，别的，似乎都不想。

2017年春夏，已经88岁的郭兰英神采奕奕地回到中国音乐学院，参与学校“中国乐派高精尖创新中心”的学术建设。她应邀为声歌系师生排演歌剧《小二黑结婚》。

2017年国庆节晚上，中央电视台《中国民歌大会》上，原生民歌喜气感人，郭兰英唱着《我的祖国》和全国人民一起欢度国庆。10 月 14 日，“郭兰英艺术学校三十年庆典音乐会”和“郭兰英艺术学校三十年师生书画展”在广东番禺博物馆举行，88 岁的郭兰英校长出席。部分展示了郭兰英从 58 岁起到广东创业的成果。书画展，郭兰英参与剪彩；音乐会，郭兰英和学生们一起唱响《我的祖国》。

此时此刻，回望来路，她可以告慰马可了吗？

2018 年 12 月 22 日晚，“为人民歌唱——中国乐派声乐大师郭兰英艺术成就音乐会”在雄伟的人民大会堂举行。一曲曲经典再次被年轻的歌手重新演绎，观众通过歌声沉浸在对共和国七十年岁月的回味中、沉浸在对年近 90 岁的郭

中国音乐学院版《小二黑结婚》演出结束后，
郭兰英（后排右四）、金铁霖（后排右五）与主创合影

兰英大师的敬佩之中。万山红、阎维文、张也、王宏伟、刘和刚、雷佳、吴碧霞、王丽达、高鹏、吕继宏、方琼、王二妮等演员再次唱起郭兰英的歌，观众对这位中国声乐大师更多的是发自内心的感动。

演出中，山西元素非常浓郁。平遥籍歌唱家阎维文重新演绎《人说山西好风光》。昔阳籍优秀晋剧演员、山西省晋剧院青年团翟丽美带来了晋剧《算粮》中“登殿”选段。当然还有太谷秧歌味的《妇女自由歌》，有浓郁太行风味的《清粼粼的水来蓝莹莹的天》，有晋中民歌风味的《汾河流水哗啦啦》。《清粼粼的水来蓝莹莹的天》选自歌剧《小二黑结婚》，故事发生在山西省，所以作曲家马可谱曲的时候也使用了山西音乐元素。《汾河流水哗啦啦》是故事片《汾水长流》主题歌，写的是晋中故事。歌剧《刘胡兰》的两段唱，歌颂的是山西女英雄刘胡兰。

嘉宾和观众对郭兰英充满了深深的爱。著名歌唱家郭淑珍、李光羲、胡松华、邓玉华、李谷一登台表达了对郭兰英的敬意。著名电影表演艺术家谢芳亲自前来献花，著名画家杨先让、著名舞蹈家陈爱莲等都到现场并表达了祝贺。胡松华亲自书写了一幅书法作品：“唱作念舞塑英烈，声美情深扬华帆。”

音乐会分“香自苦寒来”“兰为王者香”“我为人民唱”三个篇章。除了经典作品，还有一些不常被唱起的歌重新被搬回到舞台上，比如第二届全国运动会开幕式主题歌《丰收歌》，比如电影《李双双》插曲《李双双小唱》，讴歌雷锋的《八月十五月儿明》，歌剧《红霞》选曲《眼看红军出征北上》等。

音乐会在郭兰英与众人一起演唱《我的祖国》歌声中结束，观众涌向台前呼唤着“郭老师、郭老师……”迟迟不肯离去。一位老艺术家说：“半个多世纪过去了，在中国歌坛上，兰英依然代表着民族声乐艺术的最高成就。兰英同志是大家，是高峰，她以独具的光彩映照着音乐艺术的大千世界。”一位诗人说：“我爱她的歌声，这歌声来自民间，有刚犁开的泥土的气息，好像烈火一样炽热，唱出了苦难和抗争。她的嗓子是用金属薄片制成的，从心房里发出的声音准

为人民歌唱——中国乐派声乐大师郭兰英艺术成就音乐会

确、悦耳、使人振奋，嘹亮的歌声露珠一样的圆润，像百灵鸟在啼啭，清清的泉水流在山涧……”

如果那些不在人世的“粉丝”知道郭兰英的艺术在她90岁的时候依旧传承得这样好、受到人民群众发自内心的喜爱，他们会欣慰吗？

郭兰英再次站到人民大会堂的舞台上，这是神圣的舞台，也是人民的舞台，她内心会升起一股温暖吗？

《兰为王者香》，郭兰英、万兆元 合作

【注释】

[1] 郭兰英访谈，2017 年 9 月 21 日，中国音乐学院西楼 607 室。

[2][3]郭兰英访谈，2017 年 5 月 11 日，中国音乐学院西楼 607 室。

[4] 刘巨才谈郭兰英，2017 年 9 月 29 日，太原家中。

[5] 参阅《三人行》，广西师范大学出版社 2016 年版，第 136 页。

[6] 杨先让：《三人行》，广西师范大学出版社 2016 年版，第 137~138 页，有删改。

[7] 郭士星谈郭兰英，2017 年 8 月 19 日，山西省文化厅寓所。

[8] 李希茂谈郭兰英，2017 年 3 月 22 日，太原寓所。

尾　声　破译魅力密码

郭兰英是中华人民共和国成立后的一位歌剧大明星，观众、读者渴望了解她的故事，很多记者都愿意采访她，所以关于她的报道一向不少。可是郭兰英演出太忙，经常跑来跑去，记者能约到她的机会实在有限。在一个地方，只有几天时间，超过半个月的，就算很长了。郭兰英回忆说："《人民日报》《青年报》《团员报》，好多好多报纸、杂志，经常找我谈如何参加革命的经历。那时刚进城，1949 年，我们又是从部队转业到地方上，我是个特殊人物。"

1980 年，上海文艺出版社编辑并出版了《郭兰英演唱歌曲选》，分"民歌""歌曲""歌剧选曲"三部分。第一部分收入 13 首陕西民歌、5 首山西民歌；第二部分收入 17 首创作歌曲；第三部分收入《白毛女》选曲 16 首、《刘胡兰》选曲 4 首、《小二黑结婚》选曲 7 首、《春雷》选曲 3 首、《珊瑚颂》选曲 1 首、《红霞》选曲 10 首、《窦娥冤》选曲 15 首，共计 56 首。三部分合计曲目 91 首。在众多磁带、唱片之后，这算一个纸质的作品总结。

真正花费时间来较为系统地采访郭兰英的，应该属刘大海。他 1920 年出生在辽宁沈阳，从晋冀鲁豫边区北方大学艺术学院毕业后，在沈阳工作，后来到中国曲艺家协会办公室、中国作协《新观察》编辑部任职，创作了不少诗歌、小说。

20 世纪 80 年代，刘大海趁郭兰英在剧院排练的间歇，多次采访郭兰英，最终完成了长篇纪实文学《演唱艺术家郭兰英》，并由中国文联出版公司于 1986 年出版，印了一万册。因为书上印有“山西省文联编”，很多人以为刘大海是山西人，但是，山西文化界纳闷：这个刘大海是谁呀?

杨先让油画《在后台化妆的郭兰英》

刘大海的《演唱艺术家郭兰英》是目前可知的最早关于郭兰英的专著。其优点是通俗流畅，描写力求生动，较为准确地勾勒了郭兰英自幼学艺到投奔革命的过程。

遗憾的是，作者将不少真实的人名隐掉了。而且为了追求阅读上的效果，作者大胆地展开想象和描摹，细节上的真实性可能不够。还有一个重要的缺陷是，作者没有能够阐述郭兰英艺术的价值和魅力。如果读者本身对郭兰英比较迷恋，读刘大海的《演唱艺术家郭兰英》可以简单地知道一个艺人是怎样突破自我走上新路的。如果读者对郭兰英艺术不熟悉，就不会对这本书有浓厚兴趣。但作为一个后来者，应该感谢刘大海在那样的年代付出的心血。

1997 年，魏继恭、眺远、赵光毓完成了 12 集电视连续剧《郭兰英》的剧本，这同样是对郭兰英成长历程的一次描述。从剧本来看，每一集都有一定的故事情节，但是整体缺乏核心动力。

1999 年，日后成为郭兰英好朋友的田青写了《致郭兰英》这样一首诗，代表着他那一代人对于美好青春的回忆：

> 我有一盘自己复制的磁带，全是你年轻时的歌声。
>
> 我把它当成珍贵的礼品，送我最好的朋友听。
>
> “青线线那个蓝线线”，像拴在我心尖尖上的绳，什么时候听唱，什么时候动容。
>
> “四妹子爱上那个三哥哥”，让你唱得顽石落泪，天地含情。
>
> 三十里铺不朽的恋人，成就了你百年难忘的歌声。
>
> “一条大河波浪宽”，听来天高地阔。
>
> “花篮的花儿香”，让人气远神清。

演“刘巧儿”，你的歌喉比百灵还巧。

演“小芹”，那“清粼粼的水”呀，至今在我心中翻涌。

“余音绕梁，三日不散。”是古人夸张的形容。

半个世纪过去了，人们却依然念着你，念着你永远年轻的歌声。[1]

20世纪90年代比较重要的研究成果是修海林的《郭兰英的艺术道路及其成就》，刊登在1995年第1期《音乐研究》上。一直到2000年，人民音乐出版社推出《郭兰英的歌唱艺术》才弥补了刘大海留下的遗憾。作者黄俊兰用她音乐学家的严谨态度，简单讲述了“郭兰英艺术生涯的三个时期”，

田青陪郭兰英看演出

然后较为细致地分析了“郭兰英表演艺术的风格与特点”。如孙慎在该书序中所说：“对郭兰英的演唱，特别是在润饰、加工的处理上，作了极其精到细致的分析。”[2]

2011年，《中央音乐学院学报》第4期刊发了钱茸《原文唱词在歌唱中的地域性音乐价值谈——“唱词音声说”三探》。钱茸数年两耳不闻窗外事，一心只求“音声说”，她为了在“音乐语言学”论述上更有说服力，专门在中央民族大学攻读了“语言学”课程。郭兰英歌声最魅人的地方是“味儿”，“味儿”是哪里来的？

钱茸从语言学的角度，阶段性地或者说历史性地破译了“郭兰英魅力密码”。钱茸说，长年沉浸于山西戏曲环境，郭兰英的嗓子有了某种“基因记忆”，从而形成了发什么音“最舒服”的感觉。她的喉舌形成了对“味儿”的潜在判断力，这种判断可能比她的脑更准确。所以，即使她本人愿意学习某种新东西，或者去模仿另外一种声音，但是，这些声音从她的嗓子里出来的时候，她的“喉舌”进行了一次过滤，依旧会回到“郭兰英的味儿”上去。这显然不是说郭兰英没有学习能力，而是她具有一种超能：把天下味儿，变成“我的味儿”。

钱茸说：

> 郭兰英是一位极有听众人气的歌唱艺术家，网上有人称她为“不可超越的郭兰英”，意思是，她的歌唱，

有一种让人无法模仿的魅力。当然，郭兰英的歌唱魅力包含了多种因素，如她对情绪表现的细微把握、她的嗓音特点、她吐字的老道功力等等。……特别强调的是，她充分运用了西北母语赋予她的地域性语言音色。西北语言并不像藏语或闽南语那样拥有大量鼻化音韵母，却拥有一个极富魅力且使用频率极高的鼻化音[ε]。在西北各地，最强化这个音色的地区是陕北、关中，最强化这个音色的声乐品种是秦腔。……郭兰英的演唱中，突显了[ε]韵对她的特化作用。她的代表作里，艺术效果最好的，往往都是用[ε]韵的。如《小二黑结婚》里那段“清粼粼的水”、《刘胡兰》里的“一道道水来一道道山”。她吐出的[ε]，美得沁人心脾，美得耐人寻味。关键在于，有些歌曲与西北毫无关系，如电影《上甘岭》里的《我的祖国》，她仍然把歌词中所有的[an]，读作[ε]。不仅如此，她

郭兰英在歌剧中饰演喜儿非常出彩

在歌唱时还尽可能把[ε]的读音感觉渗透到其他字韵里，使之成为一种吐字的整体风格。听众全然接纳了这种不用纯正普通话的郭兰英风格。后来有人试图用美声或学院派民族唱法演唱《我的祖国》，听众反应都极差，大家只认郭式的首唱，“就想听那个‘怯’味儿”。[3]

实际上，不仅是郭兰英有“肌肉记忆”，多数戏曲演员都会有，比如，梅兰芳在生活中讲话、举手投足都会“女气”一些，是常年舞台训练不自觉的流露。戏曲演员唱歌，往往被称为“戏歌”。除了这些歌曲天然地带有戏曲味道，演员在演唱时也将戏曲演唱的喉舌记忆带到歌唱中来。但是，郭兰英的伟大处，就是“有味儿”但不是“戏味儿”，而她的学生王爱爱在演唱《汾河流水哗啦啦》的时候，就更多地出现了“戏味儿”，而郭兰英演唱《人说山西好风光》时人们没有觉得是“戏歌”。

郭兰英在“戏”与“歌”之间找到的“味觉”平衡点，已成绝响。

【注释】

[1]田青编著:《老歌》，山西教育出版社1999年版，第119~120页。

[2]黄俊兰:《郭兰英的歌唱艺术》，人民音乐出版社2000年版。

[3]钱茸:《原文唱词在歌唱中的地域性音乐价值谈——“唱词音声说”三探》，载《中央音乐学院学报》2011年第4期。

主要参考书目

1. 王永年讲述，刘巨才、段树人编写：《晋剧百年史话》，山西人民出版社 1985 年版。

2. 李文虎：《晋剧名生郭凤英》，北岳文艺出版社 1998 年版。

3. 赵志冲编：《牛桂英舞台生活回忆》，山西人民出版社 1993 年版。

4.《清徐文史资料第九辑——徐沟戏剧史话》，政协清徐县文史资料委员会 2004 年内部印行。

5. 纪丁：《女中“男儿”丁果仙》，人民音乐出版社 2002 年版。

6. 程云：《王昆评传》，中国电影出版社 1997 年版。

7. 周巍峙：《年方九十——周巍峙文集》，中国文联出版社 2006 年版。

8. 李凌：《音乐流花》，山西人民出版社 1989 年版。

9.《马可选集》，人民音乐出版社 2017 年版。

10.《中国歌剧舞剧院院史》，香港天马出版有限公司 2010 年版。

11. 舒强：《新歌剧表演的初步探索》，新文艺出版社1952年版。

12. 中国戏剧家协会编：《新歌剧问题讨论集》，中国戏剧出版社1958年版。

13. 杨兰春口述，许欣、张夫力著：《杨兰春传》，大众文艺出版社2003年版。

14. 何迟口述，王天颐等记录整理：《何迟自传》，中国民间文艺出版社1989年版。

15. 桑夫编剧，铁山作曲：《王大娘赶集（秧歌剧）》，大众书店1950年版。

16. 本社编：《郭兰英演唱歌曲选》，上海文艺出版社1980年版。

17. 张奇虹、张阳阳、陈芳编著：《永远白毛女：红色经典的非凡传奇》，北京出版社2016年版。

18. 苏叔阳、石侠编撰：《燃烧的汪洋》，中国电影出版社1999年版。

19. 汪林立主编：《红色电影事业家汪洋》，中国电影出版社2016年版。

20. 刘大海：《演唱艺术家郭兰英》，中国文联出版公司1986年版。

21. 黄俊兰：《郭兰英的歌唱艺术》，人民音乐出版社2000年版。

22. 赵世元主编：《左权县志》，高等教育出版社1999

年版。

23. 皇甫束玉:《束玉日记》,高等教育出版社2000年版。

24. 冯长春:《历史的批判与批判的历史——冯长春音乐史学文集》,文化艺术出版社2012年版。

25. 杨先让:《三人行》,广西师范大学出版社2016年版。

图书在版编目（CIP）数据

人民艺术家郭兰英 / 刘红庆著. --济南: 齐鲁书社，2019.12

ISBN 978-7-5333-4228-9

Ⅰ.①人… Ⅱ.①刘… Ⅲ.①郭兰英－传记 Ⅳ.①K825.76

中国版本图书馆CIP数据核字(2019)第276456号

人民艺术家郭兰英

刘红庆 著

主管单位	山东出版传媒股份有限公司
出版发行	齐鲁书社
社　　址	济南市英雄山路 189 号
邮　　编	250002
网　　址	www.qlss.com.cn
电子邮箱	qilupress@126.com
营销中心	（0531）82098521　82098519　82098517
印　　刷	山东临沂新华印刷物流集团有限责任公司
开　　本	720mm × 1020mm　1/16
印　　张	14.25
插　　页	6
字　　数	137 千
版　　次	2019 年 12 月第 1 版
印　　次	2019 年 12 月第 1 次印刷
印　　数	1—5000
标准书号	ISBN 978-7-5333-4228-9
定　　价	45.00 元